Anicet ABOUE MANGA

Les méandres d'un football misérable

Anicet ABOUE MANGA

Les méandres d'un football misérable

Essai sur la problématique de développement du football en Afrique francophone subsaharienne

Éditions Vie

Imprint

Cover image: www.ingimage.com

Publisher:
Éditions Vie
is a trademark of
Dodo Books Indian Ocean Ltd. and OmniScriptum S.R.L publishing group

120 High Road, East Finchley, London, N2 9ED, United Kingdom
Str. Armeneasca 28/1, office 1, Chisinau MD-2012, Republic of Moldova, Europe
Printed at: see last page
ISBN: 978-613-9-59357-6

LES MEANDRES D'UN FOOTBALL MISERABLE

ESSAI SUR LA PROBLEMATIQUE DE DEVELOPPEMENT DU FOOTBALL EN AFRIQUE FRANCOPHONE SUBSAHARIENNE.

Anicet ABOUE MANGA

INTRODUCTION

Le football se pratique en Afrique depuis des décennies : plus d'un demi-siècle dans la majeure partie des Etats noirs africains francophones. Cependant l'état de désuétude de celui-ci est un fait à la fois troublant et choquant, qui se traduit par des regards tristes et des visages sombres des passionnés aguerris. Une mine qui révèle un degré élevé de consternation généralisée. La désolation est le sentiment qui fait l'unanimité de la déchéance du mouvement footballistique dans cette partie du continent africain. Rien n'a véritablement changé entre l'époque coloniale et l'époque moderne actuelle, où ce sport produit d'énormes ressources ; si oui, il a fait un bond en arrière dans le traitement des acteurs principaux. La seule progression est financière puisque le football rime désormais avec les grosses entrées d'argent ; même-ci cette évolution financière est une ambiguïté dans le système de management du football actuel, dans la mesure où, il laisse entrevoir un déséquilibre et une disparité entre les pratiquants du football subsahariens et ceux du reste du continent ou d'autres continents.

L'Afrique Francophone noir est la partie du continent dont il est question dans cet ouvrage et pour diverses raisons. Premièrement c'est un ensemble de pays où le football demeure un passe-temps pour certains dirigeants, alors qu'une frange catégorie de la population en a fait un métier. Ce qui, dans le fond, n'envisage aucun véritable espoir de développement. Ensuite, il me semble contrariant de pratiquer un métier et de continuer de vivre dans une misère patente, à cause du manque de rémunération. Les footballeurs vivotent au quotidien dans cette partie de l'Afrique, alors que les dirigeants s'achètent de nouveaux bolides. Les footballeurs sont vêtus de haillons pendants que les administrateurs arborent fièrement des tenues vestimentaires aristocratiques.

Par ailleurs, alors que les principaux acteurs (footballeurs) travaillent dans de cadres difficiles et parfois impraticables, les gestionnaires évoluent dans des lieux douillets, aux climats circonstanciels. Voilà quelques constatations et bien d'autres qui m'ont contraint à m'intéresser de plus ample à ce football de façon globale, en dehors de l'intérêt particulier d'être un professionnel des questions de développement stratégique du sport, animé d'un besoin de contribution efficient, pour la promotion et le développement des divers angles de ce sport en Afrique noir Francophone.

Bien que cette partie du continent soit problématique et énigmatique, tant il est difficile de porter un jugement ou une réserve sur les modes opératoires généraux, il est important d'exposer cette situation honteuse, d'une autre époque (esclavagiste), sur la place publique afin d'aiguillonner les acteurs et les observateurs sur la nécessité de changement de paradigme, même-ci certains en verraient une sorte d'invective. Mais ceci relèverait plus de la mauvaise foi et de l'hypocrisie, à moins que, les bourreaux soient désormais des âmes sensibles.

Néanmoins, il m'est injuste de voir ce spectacle avilissant s'éterniser et de vivre paisiblement. Tous ces faits masqués ou voilés par moment ne sont pas nouveaux ou inconnus par le grand public, c'est en parler qui fait problème dans la mesure où les intéressés peuvent se sentir offenser. Ce qui pourrait créer de nouvelles antipathies et quelques ennemis en plus. Mais comme le dit Gustave Lebon « le savant, qui cherche à constater un phénomène, n'a pas à s'occuper des intérêts que ses constatations peuvent heurter ».

Tableau 1 : Dates de création des Fédérations et championnats.

Pays	**Date création fédérations**	**Date affiliation CAF**	**Date affiliation FIFA**	**Date création championnats**
Benin	1962	1963	1964	1969
Burkina Faso	1960	1964	1964	1961
Cameroun	1959	1963	1962	1961
Cote d'Ivoire	1960	1965	1964	1960
Congo	1962	1966	1962	1960
Gabon	1962	1968	1966	1968
Guinée	1960	1962	1962	1965
Mali	1962	1962	1964	1966
Niger	1961	1965	1964	1966
Sénégal	1960	1963	1964	1966
Togo	1960	1963	1964	1961

Le football dans ces pays africains est une affaire très complexe. C'est un dossier épineux, qui s'avère souvent insaisissable, tellement les intérêts sont énormes et les enjeux démesurés. Les difficultés naissant généralement avec l'arrivée de l'argent, les intérêts se mêlent et l'animosité naturelle prend place au détriment du professionnalisme. Les gains sont énormes et les intérêts aussi, c'est cela le contexte de ce football.

CHAPITRE 1 : ASPECTS GENERAUX

« ***C'est l'universalité du football qui fait sa particularité et sa beauté*** ».

En effet, ce n'est pas un secret, le football génère d'énormes capitaux. Les retombées dudit sport sont des montants astronomiques pouvant paraître quelques fois effrayant pour le commun des mortels. Il s'agit des chiffres rocambolesques qui paraissent parfois surréalistes mais qui sont vrais. Les gros contrats, les primes juteuses, les salaires exorbitants, les partenariats énormes et les bénéfices gigantesques existent dans le football ; et ils permettent aux travailleurs de ce métier, de vivre largement au-dessus du seuil de suffisance, quoique ce soit une réalité bien loin du traitement réservé aux joueurs évoluant dans les championnats locaux en Afrique subsaharienne francophone. Oui, le football est lucratif et c'est ce même football qui produit ces gains. C'est le travail fait autour et au sein du football qui produit ces finances. Des personnes travaillent derrière, dans l'ombre ; d'autres sont au-devant de la scène, sous les feux des projecteurs, dans un froid glacial ou sous un soleil caniculaire pour la prospérité de ce métier.

C'est le fruit d'une longue chaine et d'un grand labeur qui produit ces sommes faramineuses. Que ce soit les dirigeants fédéraux, les dirigeants sportifs, les présidents des clubs, les différents techniciens selon les domaines qui entrent en jeu, les joueurs, les encadreurs, les médias, la sécurité, les journalistes, les médecins, les marketistes et autres supporters ; tous contribuent au développement du football dans le monde, dans un continent et dans un pays.

Tous travaillent et tous gagnent selon les taches, les interventions et les compétences. C'est un métier très organisé et très pointilleux qui nécessite beaucoup d'engagement, de détermination, d'énergies et surtout de sacrifices. Car sans sacrifices, on n'arrive à rien de grand, à rien de valeureux. Tout ce que l'on peut entreprendre nécessite des sacrifices. Certains métiers peuvent être différents des autres, bien qu'ils soient plus ou moins complexes les uns des d'autres. Certains sont plus « difficiles » ou délicats dans l'exécution et nécessitent plus de travail et d'assiduité que d'autres. Mais toujours est-il, que tout métier nécessite que l'on s'attèle à la tâche, que l'on se mobilise de quelque manière que ce soit pour y parvenir.

Et le football, plus que tout autre métier, exige d'énormes sacrifices, un travail sans relâche, une assiduité de nul autre pareil. Et tous ces facteurs combinés aux talents, à la sagesse et à l'intelligence font le succès et la prospérité de ce sport. Il s'agit là de la norme, parce que la réalité est toute autre. Une réalité fâcheuse et décevante propre au continent noir africain et plus particulièrement de l'Afrique noir francophone. L'époque moderne fait état de l'industrialisation du football. Les clubs sont désormais des entreprises. De grands investissements au sein desquels l'on injecte des fonds colossaux. Des projets montés de manière professionnelle et conséquente aux normes du marché du football mondial de plus en plus exigent. Des projets devant faire face à la durée et contre vents et marées. C'est à travers une patience certaine que l'investissement devient prospère. Il faut donc une combinaison des expertises venant de tous les secteurs se raccordant au football.

Ce sport, dit sport Roi est « la seule religion universelle » dans nos Etats et même dans le monde. Symbole d'unité, de rapprochement et d'intégration ethnologique et tribale, il intéresse tout le monde ou presque sans différence de genre, de couleurs, d'appartenance ethnique, tribale ou d'obédience religieuse. Tout le monde aime voir circuler le ballon d'un camp vers l'autre, peu importe le stade, le pays ou le continent. C'est l'universalité du football qui fait sa particularité et sa beauté. La diversité de joueurs, de clubs, d'équipes nationales anime le débat footballistique à travers le monde et aiguise les passions à travers des débats télévisés, radiodiffusés, dans la presse, dans la rue ou tout simplement entre copains. Le football est autant fructifiant que le gain qu'il génère va au-delà des principaux acteurs, investisseurs, joueurs, techniciens du milieu ou tout autre employer direct ou indirect. La paix, la justice, la cohésion sociale, l'acceptation le vivre-ensemble, la tolérance et le fair-play sont des valeurs que véhicule le football dans les Etats, entre les peuples.

En outre, les paris sportifs à grandes ou à petites échelles font le bonheur et la joie de plusieurs fans ou supporters selon les circonstances ou de la population de façon générale. A ce niveau l'Afrique n'est pas en reste même-ci, malheureusement, la grande majorité des matchs dont les paris sont faits, appartiennent à d'autres championnats étrangers au continent, c'est-à-dire qu'il s'agit d'un autre football : plus beau, attrayant, captivant, passionnant et très lucratif. Cette situation est similaire à celle que l'on observe autour des matchs de football. Les championnats africains sont d'aucun intérêt pour le public africain qui, rempli les salles et les places publiques pour voir des matchs de championnats étrangers ou occidentaux. L'existence des chaines et bouquets de sports et des salles de diffusions desdits championnats est la preuve que le football africain, une fois de plus, est pauvre et sans importance pour ces africain eux-mêmes.

Cependant, il est très important de faire une précision que le football africain puise son existence, ou marque son emprunte au moyen de ses championnats et de ses compétitions ; et c'est en cela qu'il se fait une identité, loin de sa conception simpliste et biaisé qui le réduit aux différentes sélections nationales. En réalité, le football dans la majorité des pays africains souffre d'une crise existentielle. Celle-ci crée une crise identitaire, source de confusion entre le football local et les sélections nationales. On a donc une expression comme « le football burkinabè, camerounais, togolais ou ivoirien... se porte bien ». Une assertion courante dans la bouche des personnalités autorisées (les responsables fédéraux, les journalistes, des patrons des ministères des sports) du milieu du football, simplement parce qu'une sélection nationale aurait fait quelques fulgurances ou des exploits en compétitions internationales, avec des joueurs qui évoluent dans d'autres championnats et formés ailleurs comme les binationaux.

Pourtant, au même moment, les sélections jeunes ou intermédiaires dont l'ossature est faite de joueurs des championnats domestiques ; et représentatives du niveau réel du football local n'arrivent pas à s'imposer à l'international, ou encore moins les clubs locaux dans les phases de compétitions continentales où les pays du Maghreb règnent en patrons.

En clair, il convient de reconnaître que le football d'un pays est à l'image de ses clubs et non de la sélection nationale, surtout quand cette sélection est composée à plus de 90% des joueurs évoluant dans d'autres championnats. Il n'est pas représentatif du niveau réel du football du pays, qui se mesure par l'efficacité, la grandeur des équipes locales et de la qualité de spectacle produit. Malheureusement, la plus grosse erreur qui est généralement commise, à tort ou à dessein, est de réduire le football des Etats aux exploits ou simplement aux performances de la sélection fanion ou de quelques sélections nationales intermédiaires avec les auspices de nombreux jeunes joueurs binationaux ou évoluant simplement ailleurs, notamment la sélection olympique (U23) et la sélection junior (U20).

Le but de ce cafouillage dialectique est de tromper l'opinion et la masse amoureuse de ce sport, afin de masquer le manque de politiques de développement, de vision ou de compétence. Ainsi donc, cette expression utilisée à tort pour signifier le bon état du football de ces pays est la preuve de l'incompétence ou de la faiblesse de ceux qui sont aux commandes, sur la possibilité de labéliser les sélections nationales, de les dissocier du football local et de professionnaliser ce dernier pour en faire une véritable activité génératrice de fonds et d'emploi pour une contribution certaine dans nos économies, à travers de véritables ligues professionnelles et amateurs fortes et indépendantes, surtout pour les premières cités.

Ceci étant, le football subsaharien dont il est question dans cet ouvrage, fait plus référence à ce football local : les championnats locaux dits professionnels, les championnats amateurs, le football jeune et scolaire. Le développement de ce football local permet de découvrir et de créer des futurs champions capables, non seulement d'animer les championnats domestiques et relever ce sport au sein des Etats, de représenter valablement les nations dans les différentes sélections, mais surtout de produire un spectacle de qualité qui soit commercialisable: un football captivant, riche et capable d'attirer de nombreuses foules de population et des supporters ; et par conséquent les mécènes, les sponsors et les annonceurs.

Le suivi de ce sport dévoile une situation déplorable du fait de l'absence du public dans nos stades, au moment où ailleurs les capacités des enceintes sportives ne cessent de se multiplier et se moderniser. On vit une démission du public des stades depuis des décennies. C'est une situation qui laisse mourir ce sport au fil des années. Evidemment le spectacle sportif sans le public est loin d'être le même, qu'en la présence de celui-ci. La beauté du football et du spectacle sportif tient aussi du fait que le public contribue énormément à la production dudit spectacle. Le public conditionne la qualité du spectacle sportif, parce qu'il n'est pas seulement spectateur, mais aussi et surtout producteur. L'appellation de « douzième homme » trouve donc tout son sens ici. Car la qualité d'un match de football ne dépend pas seulement des joueurs sur le terrain ou des officiels, mais aussi du public dans les gradins, qui non seulement assure tout un chaud, mais également peut influencer les décisions des officiels et des joueurs. En dehors des aspects visuels du spectacle sportif, le rôle psychologique du public est capital dans l'influence que celui-ci peut avoir sur la prise de décision des sportifs.

La présence du public peut sublimer ou diminuer le niveau réel des acteurs d'un match, selon l'humeur collective, les décisions des arbitres, la prestation des joueurs, la qualité de ces joueurs et des camps d'appartenance. A cela s'ajoute les recettes de la billetterie et des produits annexes des équipes. Et la présence du public virtuel (téléspectateurs, auditeurs, internautes) permet de renforcer les gains financiers du club à travers les droits de retransmission acquis par les médias commerciaux. Malheureusement, il y'a une démission notoire de l'ensemble de ces publics. Ni le public physique, ni celui dit virtuel n'est présent de nos jours. Par conséquent, les associations sportives sont en agonie et le football est en total perte de vitesse.

Si ailleurs les stades des championnats sont bondés de monde, ici, l'on cherche encore à atteindre la centaine dans certains stades des championnats locaux. Toutes ces clichés démontrent d'un sport en souffrance et en quête de repère dans cette partie des nations subsahariennes francophones.

Si l'on peut sortir les pays comme le Togo avec les clubs de l'intérieur, et le Cameroun depuis l'arrivée de l'icône Samuel Eto'o Fils à la tête de la Fédération camerounaise de football, dans une moindre mesure comme faisant mieux que les autres, le constat de façon générale est alarmant. Les aires de jeux ne manquent pas toujours, mais le public si. Or, cette situation n'a pas toujours été aussi fâcheuse. Il y'a à peine deux décennies, les stades étaient archicombles lors des matchs de championnats locaux ou des compétitions des clubs de la CAF. Les championnats étaient télévisés et radiodiffusés avec de très fortes audiences. Les acteurs principaux que sont les footballeurs étaient plus aisés au niveau local. Ils étaient considérés et traités en véritables stars, et très choyés par les dirigeants et les supporters.

Il ne fait nul doute que le football, dans les années 80 et 90 jusqu'au début des années 2000, en Afrique était attrayant. Pour preuve des grands noms du football et des grands noms de clubs en souffrance aujourd'hui, sont restés dans la mémoire collective. Il a existé, à cette période, des joueurs qui gagnaient des titres individuels continentaux, en jouant dans les championnats locaux et face aux professionnels. Le guinéen Cherif Souleymane (Hafia de Conakry, 1972), l'ancien zaïrois (RD Congo) Tshimen Bwanga, avec le Tout-Puissant Mazembe (1973), Paul Moukiéla le congolais avec Carra de Brazaville (1974), Roger Milla du Cameroun avec le Tonnerre Kalara Club (1976) et son homologue, l'ancien gardien de but Thomas Nkono du Canon de Youndé (1979) l'on remporté la décennie d'avant. En 1980, le camerounais Jean Manga Onguéné le prenait à son tour, en évoluant au sein du Canon Sportif de Yaoundé, avant que Thomas ne récidive deux ans plus tard, étant joueur du Tonnerre Kalara Club (TKC).

De nos jours tous les vainqueurs du Ballon d'or Africain évoluent dans les championnats européens. Ils sont certes africains, et le débat n'est pas à ce niveau, mais ils prennent ce titre en fonction de leurs performances en clubs; et de fois, sans prestations exceptionnelles pour certains avec leurs sélections. D'ailleurs, ces joueurs brillants en Europe sont parfois médiocres ou moyens, une fois en sélections. Ils n'arrivent pas à imposer leur style ou simplement à sortir du lot tel qu'ils le font dans leurs clubs respectifs. Les raisons sont multiples à ce niveau et les causes plus exogènes que pouvant relever de la seule responsabilité de ces grands professionnels. Mais bien que ce ne soit pas l'objet de ma présente préoccupation, il est à souligner des limites diverses ; allant du management qui leur est réservé, passant par les aires de jeux et de l'environnement même au sein duquel ils doivent s'adapter en peu de temps.

Néanmoins, mon intérêt demeure sur le football subsaharien noir ou le football des pays francophones de l'Afrique noir : le Bénin, le Burkina Faso, le Cameroun, le Congo, la Côte d'Ivoire, le Gabon, la Guinée Conakry, le Mali, le Niger, le Sénégal, le Tchad et le Togo. A la lumière de tous les constats larmoyants sur le développement mitigé ou même quasi-nul du football local de ces Etats, naît la question du « Pourquoi ? ». Pourquoi après 60 ans de création des fédérations, le football est toujours autant à la traine dans ces pays ? Pourquoi rien n'avance ? Pourquoi le supportérisme est mort ? Pourquoi la pratique ou la consommation locale de ce sport décroît au fil des années ? Toutes ces interrogations peuvent se résumer en une seule : quelles sont les causes du « pourrissement » ou du retard de ce football ?

La maîtrise de la situation peu satisfaisante de ce mouvement sportif passe par la maîtrise des procédés et mécanismes opératoires des clubs, de leur création jusqu'au moment de la rencontre avec le professionnalisme. Parce que le problème a connu des variations. Il a été moins perceptible vers la fin du XXè siècle (entre 1980 et 1990) et a connu un moment de stabilité avant de s'amplifier avec l'avènement des gros moyens financiers depuis le début du XXI siècle (année 2000). Malgré un volontarisme idéaliste pseudo-communautaire de certaines couches sociales et de certains acteurs, le bilan est de plus en plus médiocre. Un tableau sombre et obscurcit au fil du temps par une certaine élite footballistique administrative, à la volonté cristallisée sur une croissance financière personnelle et une mystification de la gestion et du management des équipes et des personnels. Pourtant sur le plan général, le football local reste dans une dégénérescence pitoyable, maquillée par des parcours folkloriques de certaines sélections nationales, des politiques managériales fondées sur la distraction, les ségrégations.

Alors que des années passent sans changement, il faut de plus en plus une dose de courage pour traiter des malaises et incongruités de ce football, des méthodes et mécanismes contraires au développement de ses réels acteurs.

CHAPITRE 2 : LE DEVELOPPEMENT ENIGMATIQUE DES RESPONSABLES

« Il n'y a que dans l'esprit des principaux dirigeants du football africain que la réussite vient avant le travail, que le bénéfice vient avant l'investissement ».

Il ne fait aucun doute sur la ruine du football dans ces zones à l'expression francophone négro-africaine. C'est une crise générale et collective de l'ensemble du mouvement footballistique qui ne cesse de faire couler beaucoup d'encre et de salive. Un sport en total décadence avec le rythme et l'avancée mondial. Il est sur une pente glissante et bascule en permanence vers l'arrière. Un grand piétinement atypique dont les causes, au-delà des divergences géographiques, socio-culturelles et tribales, sont les mêmes ; bien qu'elles soient à caractère multiples à la lumière des difficultés.

Le retard dans la poussée mondiale

Sur le plan du développement inhérent à la poussée mondiale, le football des pays subsahariens francophones est en agonie. Et le dire n'est pas excessif. Ceux qui dirigent ce sport veulent flatter leur égo et se convaincre qu'ils comprennent ce qu'ils ne comprennent pas, ou alors qu'ils font des exploits de gestions que seul leur égo est témoin. Ils alimentent donc l'opinion publique de discours pompeux sur des efforts qui seraient faits au quotidien, pour finir d'améliorer la gestion et la gouvernance des structures sportives, alors même que pour des personnes avec un minimum de neutralité dans le jugement ou à l'appréciation juste et sincère, ce football-là ne connait aucune avancée, au contraire, il est en total régression.

Des indicateurs de l'effectivité d'actions de développement, de vision ou de perspective de croissance sont suffisamment expressifs de l'absence de tout engagement et d'investissement réel des responsables sportifs qui se succèdent, mais sans succès du football. Les championnats de très mauvais qualités, des spectacles peu reluisants, une organisation approximative voire alambiquée, des aires de jeu pittoresques et un manque criard de matériel sportif, une improvisation et un amateurisme écœurant. Tout est à la traine, tous est mal fait, mal organisé et sans planification. Pourtant, le milieu afflue d'un nombre incalculable de têtes pensantes. Un paradoxe explicable et compréhensible, aujourd'hui par l'essence et les orientations intellectuelles desdits cadres. Des intelligences multiples, certes, mais sans aucun lien avec l'environnement global impactant sur le développement direct de ce sport.

Malgré ces incongruités, ces leaders managériaux s'obstinent à croire que leurs seules connaissances générales sur des cas de gestion, d'administration ou de management particuliers puissent suffirent à gérer et à manager le métier vague du football. Ce qui s'apparente parfois à une confiscation ou un accaparement symbolique des associations sportives nonobstant le faible niveau de connaissance et de maîtrise réel de la chose footballistique. Le mal est profond, car il part de la souche et contamine directement l'ensemble de la chaîne de manière à appauvrir ce sport. Ce qui explique toutes les crises et les blocus observés à travers le continent.

C'est une réalité que connait ce sport. Une triste évidence empirique, commune à tous les degrés du football de l'ensemble des pays de l'Afrique subsaharienne noire. C'est d'autant flagrant qu'il suffit juste de fréquenter, même de façon discontinue, les stades désertiques de football dans ces pays, pour l'apercevoir. Il n'est pas besoin d'être un grand analyste ou un chercheur chevronné pour percevoir le mal. C'est pourquoi, bien que malavisées majoritairement, les populations en sont indignées, mais sans que cela ne présage le moindre changement. C'est la raison pour laquelle elles ont préféré se tourner vers des championnats plus ludiques.

Les espoirs jubilatoires reposent uniquement sur les fulgurances, les exploits ou les réussites des sélections nationales. Malheureusement le parcours parfois honorable des sélections sur le plan international masque toujours l'échec généralisé du football local. En effet, les équipes nationales donnent une image mensongère et artificielle du football de ces pays, parce qu'elles ne sont pas représentatives du football local, comme je l'ai démontré plus haut. De nos jours, c'est une prouesse de voir la convocation de ces joueurs évoluant au sein des championnats domestiques en sélection. Les voir y évoluer relève plus encore de la magie, tellement le niveau de ces footballeurs est médiocre, en référence à leur faible présence dans les listes finales, où ils y sont inscrits que pour des mesures de compléments d'effectifs. Pourtant les exécutifs fédéraux ne tardent pas à brandir les bribes de réussites ou d'exploits de la sélection nationale sénior, pour se fabriquer un bilan à la bricole.

En réalité, la bonne marche de la sélection nationale fanion ne saurait traduire ou signifier la bonne santé du football de ces nations. Parce que le football d'un pays se mesure par la qualité des championnats domestiques, la qualité de formation de jeunes pour assurer la relève, le nombre élevé de licenciés ou encore une pratique généralisée dans le pays, traduisant de ce fait une bonne promotion de ce sport. Donc, les sélections nationales séniors ne sont pas représentatives du football local dans ces pays.

Mais, comment s'expliquer que nous en sommes encore là, que ce football ne puisse pas franchir un cap, après tant d'années d'existence et de pratique (environs 65 ans), parce qu'il est évident qu'il va en décroissant ? Pourquoi ces pays trainent toujours dans le bas fond du football continental ? Pourquoi ce sport est toujours aussi « amoindri » ? Pourquoi à l'international, l'Afrique ne s'impose pas ? Pourquoi les joueurs africains ne sont pas dans de grands clubs européens, contrairement aux joueurs des pays de l'Amérique du Sud ? Parce qu'il ne fait nul doute, au vu de ces questionnements universels que le mal est réel, profond et que la situation est de plus en plus chaotique.

Puisque l'existence du malaise est indubitable et indéniable, il nécessite néanmoins de le localiser ou tout au mieux d'identifier quelques origines de la décadence du football subsaharien francophone.

La situation chaotique du football local

De prime à bord, il me semble judicieux de procéder, dans le cadre du football subsaharien pour la « révision des troupes » c'est-à-dire, revisiter la dynamique évolutive de certains cas spécifiques pour comprendre au mieux, où se trouve l'intérêt de la majorité des acteurs importants des sphères décisionnelles du football. Cet exercice permet de dégager les causes lointaines ou immédiates du grand mal que connait ce sport, car aussi longtemps que l'on parlera des maux, l'on parlera des causes. Et c'est à partir de la maîtrise des causes que l'on peut envisager des solutions de traitement ; ensuite prendre des dispositions préventives afin d'éviter la résurgence du mal.

Elles peuvent être endogènes ou exogènes, directes ou indirectes selon le rôle joué et en fonction du degré de responsabilité des acteurs. Mais quelles qu'elles soient, ces causes sont négatives et nocives pour ce sport. Elles concourent toutes à sa peine, à son mauvais état et sa décrépitude.

Il est indéniable que le football en Afrique subsaharienne francophone est essentiellement un sport amateur dans son ensemble, puisque le professionnalisme évoqué dans certains championnats est fictif, textuel voire littéral. En réalité le professionnalisme n'est pas fictif mais empirique. Il réside non pas dans les mots ou les discours pompeux, mais dans le contenu. Il se mesure par un ensemble d'actes et d'actions, de faits, de pratiques et des procédés. On le vit, on le voit au moyen des actes concrets et identifiables. Ce qui est loin de la réalité actuelle, qui démontre d'une exploitation des sportifs et d'une incohérence d'actions, très souvent en déphasage avec le professionnalisme le plus basic.

Par conséquent, il convient d'évoluer dans la perception, les pratiques et de se mettre au véritable niveau, si l'on veut connaître un changement. Malheureusement, je suis réduit à conclure que notre football est un sport amateur, non pas, par le simple fait du manque de moyens financiers, ou d'infrastructures, mais du fait de l'amateurisme de l'ensemble des acteurs. Une chaine d'amateurs caractérisant toute la structure : du tissu administratif aux sportifs, en passant par l'encadrement technique et les corps de métiers autour. C'est la première entrave au développement du football et sa professionnalisation. Ce serait donc paradoxal d'envisager diriger, pratiquer ou mettre en exergue le professionnalisme, si l'on est soi-même amateur dans l'âme.

Le retard accusé par ce sport malgré des avancées remarquables dans d'autres zones du continent, comme le Maghreb est la preuve que le problème est surtout socio-culturel ou néo-culturel. Les mentalités sont inadaptables au style et au rythme professionnel. Les mœurs et les pratiques courant ces Etats sont insociables et inadaptables au professionnalisme ; c'est la cause majeure qui domine sur le football. Car le professionnalisme recommande des relations professionnelles seines et une réciprocité de considérattion. Il exige une complémentarité sociétale et professionnelle, une reconnaissance de l'importance de l'autre et une acceptation sans avis et inconditionnelle. Il requiert une prise en charge contractuelle stricte et une autonomie de gestion totale et de fonctionnement : une transformation sans cesse grandissante et une métamorphose complète des attentes et des compétences. Le professionnalisme demande aussi le dépassement de soi et l'institutionnalisation des modes de gestions et des méthodes managériales.

Seulement, la société africaine ne dispose pas des éléments naturels pour s'y adapter et encore moins de sens de réciprocité. On est soit petit, soit grand ; soit dirigeants, soit dirigé. Et en fonction du rang qu'on occupe, on assume de manière exagérée son statut. C'est pourquoi les dirigeants de clubs sont des maîtres tout puissants, les coaches passent pour des contremaîtres, les arbitres pour des

« dieux » et les footballeurs pour des esclaves. Plus loin se trouvent les journalistes sportifs qui jouent le rôle « d'espion », selon le camp, les affinités et les intérêts individuels. C'est ce schéma esclavagiste qui caractérise et achève notre football. Chacun joue un rôle mais de façon exagérée ou amoindrie. On observe des abus d'autorité, des usurpations et manipulations sans aucun bénéfice pour le football.

La construction étant mieux que la réhabilitation, la priorité est donc de construire ce football qui connait un grand retard né d'un ignoble volontarisme obscène des cadres de ce sport. Pour y parvenir, il faut éviter de tromper les autres en se trompant, de duper les autres en se dupant. Mais il faut emprunter le chemin de la vérité, début de tout processus de construction. Car si les calculs fondamentaux sont biaisés, la survie de l'édifice ne tiendra que le temps d'une éclipse. Malheureusement, la construction de ce football a été faussée dès la base et la suite a été orientée dans ce même sens, parce que les cadres ont refusé de travailler véritablement et dans l'intérêt de ce sport, parce qu'il n'y a qu'il n'y a que dans l'esprit des principaux dirigeants du football africain que la réussite vient avant le travail, et que le bénéfice vient avant l'investissement.

Je ne prétends pas avoir une solution « miracle » pour notre football ; mais mon souhait est de voir une conscientisation collective, qui recommande que tous ensemble, nous sachons à quel point, notre rôle à jouer est important. Car nous devons prendre conscience du degré élevé d'erreurs, de maladresse ou de notre implication commune au mal-être de ce sport tant aimé. D'ailleurs, les faits abordés ici, témoignent clairement de la responsabilité commune à l'enlisement de cette triste réalité. Et ces faits, on les a soit vécu, soit observés, mais toujours avec le même ressenti de trahison et de massacre pour le football qui nous est cher.

A tous les niveaux de ce football le mal se situe, consciemment ou inconsciemment, il est là et il fait des ravages. On en est tous responsable, de manière inconsciente ou prémédité. De ce fait, il est fondamental de remettre à plat les modes de fonctionnements et opératoires. Ce qui revient à activer notre capacité à pouvoir se remettre en question. Puis, agréer cette analyse accusatrice et pointilleuse sur l'état du football de ces nations ; si l'on veut trouver chacun à son niveau une issue à la crise que connait ce sport dit « roi ».

Evoquer la dimension élargie de la responsabilité de la ruine de notre football, consiste à mettre en valeur l'aspect multidimensionnel de ce sport. Des dirigeants aux joueurs en passant par les entraîneurs, les supporters, les corps de métiers autour et les gouvernements sont tous impliqués dans le développement du football dans nos Etats. A titre d'illustration, la désertification des stades de football avec l'absence des supporters, lors des championnats locaux permet de réaliser l'importance de ceux-ci pour le gain financier lié à la billetterie ou les produits annexes. Il est indéniable que le manque de spectateurs freine économiquement les clubs. Donc la responsabilité des supporters et des spectateurs est fondée et implique une prise de conscience de ceux-ci, même-ci l'on doit relativiser à ce niveau.

Cependant et en même temps, et de façon péremptoire, il faut admettre que la mort du supporterisme va de pair avec la mort du football. L'absence des supporters lors de la période du covid-19 en Europe a mis à la lumière la fragilité économique des clubs, en l'absence du public ou des supporters. Tous étaient au bord de l'agonie et cela s'est traduit par la baisse drastique des salaires et de nombreuses sollicitations financières auprès des états.

Cette absence temporelle des supporters et du public dans les terrains du monde peut permettre de comprendre le rôle essentiel du public pour la survie et développement de ce sport. Il a permis de comprendre que sans le public et plus loin les supporters dans les gradins, c'est la mort inévitable du football. Le football professionnel sans le public, sans les supporters dans les stades mourrait en un temps record. Il ne tiendrait pas longtemps. Il n'est donc pas surprenant que le football dans ces pratiques soit autant en agonie, puisque les stades sont vides.

Mais pourquoi les supporters et les spectateurs ne s'intéressent plus aux championnats locaux ? Voilà la vraie question qui, une fois traité permet réellement de mieux appréhender la machinerie footballistique dans l'ensemble des nations du continent noir. Parce que tous les pays en Afrique subsaharienne Francophone connaissent cette absence des supporters, ou plutôt ce nouvel état désertique des stades africains au profit des chaines de télévisions, et streaming de diffusions des matchs des championnats européens.

Des salles de retransmissions de matches sont remplies tous les week-ends au Togo, Mali, Burkina Faso, Benin et autres, au bénéfice des médias occidentaux qui vendent à prix d'or ces images. Les droits TV sont devenues, chaque année, plus élevés et renflouent plus les caisses des clubs européens. Et l'Afrique contribue à l'enrichissement de ces clubs, de ces médias et autres acteurs impliqués directement ou non dans ce métier du football en occident. Il n'est pas question de stigmatiser ces chaines ou ces championnats, mais de relever un fait réel qui s'amplifie avec les saisons sportives.

Les footballeurs les plus connus sont ceux que l'on voit toutes les semaines sur les écrans. Les joueurs des championnats locaux sont, soit inconnus soit méconnus dans leurs propres villes ou pays. Personne ne peut donner deux ou trois noms de suites des joueurs évoluant au sein d'un même club. Les coaches brillent plus, pour leurs coups de gueules que pour leurs qualités techniques : un pédantisme arrosé d'arrogance mais noyé dans l'ignorance. Leurs réputations sont plus extra-sportives que sportives. En vérité personne ne devrait se plaire et se suffire dans cette médiocrité étalée et de plus en plus accentuée.

Pourtant aucun de ces acteurs n'ose se remettre en cause ou en question afin de commencer à changer quelque chose. Il est certes difficile ou impossible de croire à un changement total en un clic, mais il faut accepter que tout traitement commence par l'acceptation du malade de sa situation maladive, comme je l'ai dit plus haut. C'est-à-dire que pour parler de guérison, il faut au préalable qu'on ait parlé de maladie. On ne saurait soigner ce qui est en santé, bien en forme. Je suppose et j'imagine que si la situation est restée inchangée jusqu'ici, c'est tout simplement parce que, tous ces acteurs estiment que tout va pour le mieux. Pourtant c'est faux. Il est d'autant visible que palpable, le mal dans le football africain. On en parle tous les jours dans les quartiers, les marchés et les chaines de télévision ou de radio, mais que faisons-nous pour transformer totalement notre football ?

Certains se sentirons moins concernés par cette question, à tort ou à raison. Et là encore, rien ne s'arrange, qui soit commun, sans une implication et une mobilisation commune. Elles peuvent être minimes ou indirectes, mais il faut qu'elles se fassent par l'ensemble des acteurs.

Pour revenir sur la problématique, demandons-nous, une fois encore pourquoi le football local est de moins en moins intéressant ? Pourquoi ce football ne séduit plus les foules ? Qu'est ce qui explique la déchéance de ce football ?

L'on ne cesse d'entendre parler, dans certains pays, des grands matchs d'antan, ce qui aujourd'hui serait appeler Derbys ou Classico. Au Cameroun, c'est avec nostalgie que des parents ou grands-parents parlent d'un match Canon-Tonnerre ou de Caïman- Union. Au Niger, il se fait savoir que lors des matchs Sahel FC - Olympic FC de Niamey, les stades étaient bondés de monde. Puis tout près de là, au Burkina-Faso, il y'avait des rencontres entre l'Etoile Filante de Ouagadougou et l'ASFA-Yennenga qui donnaient l'impression d'un match international de la sélection nationale actuelle. L'exemple de l'Asec-Mimosas et l'Africa Sport en Côte d'Ivoire est aussi illustratif de cette affluence que l'on observait autrefois dans les terrains de football. S'il faut faire un rapprochement avec la réalité actuelle, cela pose un gros problème. Les stades sont vides même lors de ces matchs dit phares des championnats. Le public a démissionné, les supporters de plus en plus rares.

Toutes ces personnes sont ailleurs que dans les stades aux heures de matchs. Elles vaquent à d'autres occupations, car il n'est pas question de laisser une activité ou un loisir pour venir voir un spectacle de bas-échelle, un match à l'image des acteurs, un spectacle tous simplement médiocre et de très mauvaise qualité. Mais le spectacle sportif étant en lui-même immatériel et instantané, il est une production dont la qualité dépend des mouvements d'ensemble (déploiement stratégique du collectif) et des mouvements individuels des sportifs (intelligence de jeu, aisance technico-tactique, puissance athlétique ou physique). Donc la qualité de spectacle bas-de-gamme produit dans ces cas, est le résultat d'une production d'ensemble et individuelle médiocre.

C'est un travail bâclé qui produit de faibles résultats. Un travail floué par certains acteurs de mauvaise foi et d'une méchanceté de nul autre pareil. Les hommes qui rôdent autour du football, les acteurs dirigeants en activité, pour la grande majorité n'aiment pas ce sport, mais son produit. Ils sont essentiellement concernés et intéressés par l'argent du football. Voilà le mal.

L'image de ce sport en Afrique noir a été dégradée et continue sa dégradation par ceux qui tiennent ses rênes. Dans la quasi-totalité de ces pays, ceux qui gèrent le football, n'ont que des pensées et visées intéressées et orientées vers le gain incompréhensible d'argent. Ce qui n'est pas toujours négatif. Mais pour gagner il faut investir, et qui dit investissement, dit injection préalable de moyens financiers, mobilisation des compétences physiques et psychiques.

Malheureusement, que ce soit les dirigeants administratifs ou les encadreurs techniques, tous ont plus les yeux rivés vers les petites sommes d'argents qu'ils gagnent tout de suite et peu importe la manière, que de faire grandir les organisations sportives et les sportifs. Il est impératif que cette situation funeste cesse. Il doit avoir une progression des pratiques managériales. Les choses doivent être réajustées et mieux faites, afin de réduire la tendance à l'exil de ces footballeurs de plus en plus attirés par l'espoir d'intégrer les championnats professionnels. Pourtant ils doivent pouvoir joueur dans leurs championnats locaux et se sentir en sécurité, bien traités et valorisés. L'on doit intégrer au plus profond de la pensée que sans le footballeur, il n'y pas de football, pas de spectacle, et par conséquent pas d'argent. Un traitement nouveau s'impose et cela passe par la dénonciation pure et simple des vieilles méthodes qui ne cessent de plomber ce football tant chéri autrefois, quand bien même il n'y avait pas autant d'argent.

Le nerf de la guerre : l'argent.

L'argent est venu diviser les acteurs du football, les frères des mêmes familles sportives. La quête d'argent est le mal du football africain actuel. Car cette décennie est en proie aux luttes et guerres de succession, de positionnement et de partage des institutions et des clubs de football. Des guerres qui ne finissent pas de diviser la famille footballistique gabonaise depuis des années, le football sénégalais n'en a pas échappé entre 2016-2017, le championnat togolais a été inexistant entre 2014 à 2015. Le Bénin voisin a vécu ce triste sort de 2014 à 2016. Que dire du Mali avec à la clé, des suspensions des dirigeants de la fédération par le ministère des sports.

Le Cameroun, sauvé aujourd'hui par Samuel Eto'o Fils, Président de la Fédération camerounaise de football (fécafoot) actuelle, a été dans la tourmente depuis 2010, où l'on a commencé à décrier la gestion du président de l'époque Iya Mohamed. Et douze années de suites, le pays est resté dans la tourmente, avec des équipes dirigeantes contestées, voir controversées. Des recours et des plaintes dans toutes les instances du football mondial, qui ont conduit à deux comités de normalisations en trois ans, sans réellement changement et avec un manque de volonté des acteurs de sortir de cette crise qui tournait autour de la révision de quelques articles des statuts de la fédération camerounaise de football.

En fait, il est sans aucun doute évident que la situation de désordre et de chaos faisaient les affaires de certaines personnalités, plus attirées par l'argent que par la construction ou le développement du football camerounais. Si certains ont de bonnes idées, parce qu'il y'en a qui en ont, la grande majorité s'accrochent pour se remplir les poches et les comptes.

D'ailleurs, le problème ne se pose pas si l'on se rempli les poches, parce qu'on se serait suffisamment investi ; mais il devient criard lorsqu'on se les remplis sans aucun résultat positif ou sans le moindre investissement bénéfique pour la communauté. Certaines de ces personnes qui s'enrichissent injustement du football veulent faire croire qu'elles travaillent beaucoup pour se football là. Elles estiment avoir longtemps servi ce sport, pour lequel elles auraient tout donné. Pourtant, il ne suffit pas seulement de travailler, mais de travailler de manière à produire de bons résultats, des résultats concrets. Parce que tout travail étant différent à autre, les résultats ne sauraient être les mêmes. L'investissement qu'on accorde à une affaire est ce qui conditionne le résultat. Le développement ne peut naître que d'un travail acharné et passionnant, d'un engagement sans cesse renouvelé et d'une mobilisation continue des ressources auquel s'associe l'effort. C'est de souffrir aujourd'hui, pour de lendemains prospères. Il faut donc être capable d'accepter la souffrance pour se développer ou alors refuser le développement pour ne pas souffrir. C'est un peu ce que pensait déjà Honoré de Balzac, qui estimait que le développement est un choix conscient de la souffrance, ou de la facilité. Mais dans le football dont on parle ici, on mange avant même d'avoir fait la moindre preuve et le moindre effort dans le sens de la construction, du développement ou de l'investissement. On refuse la souffrance, mais on se développe au bout de la douleur, de la souffrance et des sacrifices des sportifs.

Cela fait plus d'un demi-siècle que ce football se pratique. Donc en principe, l'on ne devrait plus être en train d'en parler en termes de construction, au sens littéral du mot, la construction étant périodique. On ne construit pas indéfiniment. On devrait avoir dépassé ce stade pour traiter entièrement de son développement, qui lui est progressif, ou perpétuel, dans la mesure où, il est un processus évolutif et adaptatif. L'on est resté jusque-là enfermé dans des idées de reconstructions et de refondations qui n'ont pas changées quelques choses ; au contraire, ces idées n'ont été que des plans de détournements et de vol normalisés par les dirigeants du football. Que ce soit les fédérations ou les clubs, le rôle est quelques fois flou et la gestion ou l'organisation sans réelle visibilité. C'est le départ de l'inconstance administrative et managériale qui ne cesse de diviser. C'est pour cela qu'il est important de questionner les modèles juridiques de ces organisations footballistiques.

CHAPITRE 3 : LA COMPLEXITE DES FORMES JURIDIQUES ET DES MODES DE GESTION DES CLUBS

« La forme juridique est le socle de toute entreprise ou de toute organisation ».

La grosse difficulté du football dans les pays noirs africains commence au niveau même de l'existence administrative et juridique des clubs. Les systèmes administratifs et les modes opératoires ou de fonctionnement sont fondamentalement problématiques pour le football professionnel actuel. Tous ces disfonctionnements constituent la source du mal être de ce sport. Pour mieux appréhender cette situation, il faut interroger les systèmes existentiels factuels fonctionnels et opérationnels des clubs : les formes juridiques des clubs.

Les systèmes juridiques des clubs de football : les modèles européens.

Dans les systèmes juridiques des clubs à travers la planète, ceux-ci se comportent soit de façon traditionnelle ou associative, soit de façon moderne ou entrepreneuriale. Traditionnellement, les clubs sont des associations à but non-lucratifs. Alors que dans le cadre moderne, ceux-ci sont des entreprises à la recherche du bénéfice, donc à but lucratif. Cependant l'évolution de ce sport dans le monde laisse entrevoir trois formes juridiques. On la forme traditionnelle qui comprend les clubs associatifs, la forme traditionnelle-moderne qui est un mixage entre le système associatif et entrepreneurial et la forme moderne qui est constitués des clubs sous la forme d'entreprises sportives.

La forme associative.

La forme associative authentique est restée l'apanage des grands clubs Espagnols. En effet, certains clubs ibériques ont consolidé leurs modèles associatifs. Les clubs sont des associations détenues par les supporters (socios) qui sont considérés comme des actionnaires à travers des cotisations annuelles. Le Réal de Madrid et le FC Barcelone prospèrent bien dans ce modèle, où la gestion est participative ; dans la mesure où ils sont gérés par un système démocratique dont le président du club est élu par l'ensemble des supporters légaux et officiels.

Le même modèle est celui de la majorité des clubs africains. Seulement le fonctionnement est tout autre. Nous y reviendrons en profondeur plus bas.

La forme entrepreneuriale

Comme dans les entreprises classiques, les clubs de football appartiennent soit à un actionnaire, soit à un groupe d'actionnaires. Ce qui implique une gestion transparente, claire et pointilleuse. Ceci passe par des comptes bien établis, des responsabilités bien définies et respectés scrupuleusement. Certains grands clubs européens sont des propriétés individuelles ou collectives, des entreprises solides et même côté en bourse. Les Clubs français comme l'Olympique Lyonnais, l'Olympique de Marseille ou encore le Paris Saint Germain sont des propriétés de petits groupes d'actionnaires qui fonctionnent parfaitement.

L'Angleterre n'est pas restée sans changement non plus. Des mythiques clubs comme Manchester United, Chelsea, Liverpool ou Arsenal se sont transformés en entreprises de groupuscules humains. Le statut associatif de base a été abandonné dans l'optique de faire de ces clubs des entreprises lucratives. Les clubs Anglais brillent par leur solidité entrepreneuriale et voient leurs chiffres d'affaire à la hausse au fil des années. Les bénéfices engrangés sont à la hauteur des investissements et surtout de l'organisation des entreprises. Manchester United, Arsenal, Chelsea ou Manchester City sont des exemples et de vrais modèles de réussites dans ce sens.

La forme tradi-moderne ou modèle mixte

La forme tradi-moderne est un modèle traditionnelle diluée ou plutôt un mixage des deux précédentes formes : le système traditionnel et l'entreprenariat. Ce qu'on qualifie d'entreprenariat populaire. Selon le Massilia Socios Club, une association des supporters et amoureux de l'Olympique de Marseille, « l'actionnariat populaire est une forme d'actionnariat composé de particuliers regroupés au sein d'une association, dans le but de détenir une partie du capital de leur club aux côtés d'un ou plusieurs actionnaires majoritaires ».

C'est la particularité du football allemand, même-ci celle-ci tant à se propager dans d'autres pays européens. Le modèle germanique est unique dans la mesure où il favorise le cadre associatif traditionnel des clubs de football, tout en ouvrant la porte à des investisseurs avec une marge de 49% sur le capital-actions des clubs. Le but est de permettre une grande implication et une mainmise des supporters sur les clubs, et éviter les dérapages liés à quête absolue du profit ou des gains financiers. C'est un modèle qui privilégie le volontariat et une rigueur dans les politiques managériales et opérationnelles des clubs, afin de conserver le supporter au centre de la sphère décisionnelle. Les socios de l'OM estiment que « l'actionnariat populaire s'intègre à l'économie du football tout en proposant une gouvernance plus raisonnée, transparente et collaborative. Il repose ainsi sur des principes de gestion durable afin d'accompagner les clubs sur le long terme sans pour autant attendre le moindre retour sur investissement. Dans ce système juridique, le supporter veut la prospérité, la réussite et le développement du club, sans vendre son âme. Il veut bien s'ouvrir aux investisseurs, mais en gardant une voix importante capable d'aider le club à conserver son authenticité ou son originalité. En réalité c'est un modèle néo-conservateur dans un monde du football de plus en plus capitaliste. L'actionnariat populaire dans ce contexte serait une sorte du socialisme sportif.

Ce modèle allemand est une politique systémique qui renforce le rôle des supporters au sein des clubs et leur implication dans le processus de contrôle et des affaires courante des clubs, afin d'éviter l'expropriation et l'acculturation du style allemand dans l'évolution de ce sport. C'est ainsi que le modèle juridique du football local dans ce pays est conçu : pour veiller sur la touche originale et identitaire propre à la culture footballistique allemande. Par conséquent les clubs appartiennent majoritairement aux membres associatifs de départ, avec une possession de 51% de part dans le capital-actions.

Ces trois formes juridiques propres aux pays européens sont identifiables et identifiées selon les clubs ou la politique générale de certains Etats. Et ces clubs fonctionnent de bout en bout en respectant scrupuleusement ces modèles juridiques dans la constitution et le fonctionnement quotidien. La maîtrise des affaires desdits clubs passe par le respect systématique et sans interruption des procédés. La base étant solide et fondée sur des textes clairs, il est logique que l'on ait des institutions sportives prospères et assez dynamiques de ce côté du monde. Maintenant recentrons les regards sur les formes qui existent dans les clubs des Etats qui focalisent notre attention.

La forme juridique des clubs de l'Afrique francophone au sud du Sahara

Pour notre cas particulier, les clubs sont reconnus sous la forme associative, mais avec des présidents mégalomanes. Une attitude qui complique le fonctionnement de cette forme associative, qui se confond avec des entreprises à associé unique et individuelle.

Néanmoins sous la forme, ces clubs sont des associations sportives, bien que la fiction ait conduit à la création des entreprises sportives, comme dans le cas du Cameroun. Mais le fonctionnement est une opacité telle que, seuls les responsables peuvent expliquer dans le fond, cette réalité insaisissable du commun des mortels.

C'est une affaire d'une grande complexité, que de questionner les modèles juridiques des clubs ici, pourtant le statut juridique est la fondation sur laquelle devrait échafauder l'ensemble des éléments administratifs et managériaux portant sur la gestion globale des équipes. C'est le socle de toute construction sportive groupale à des fins compétitives, c'est-à-dire les clubs de football dans ce cas particulier. L'importance accordée à ce pan de la réflexion est capitale, puisque la forme juridique est le socle de toute entreprise ou de toute organisation. Alors, voyons quel est la forme juridique de nos clubs de football.

De la forme associative à la propriété individuelle

Ce secteur, comme tous les autres, épouse la logique africaine qui veut que le contexte soit toujours l'élément déterminant et capital sur lequel s'appuient les décisions, les mesures ou les pensées. Par conséquent, rien ou presque n'est fait selon le texte, mais parfois selon le droit d'ainesse ou du plus aisé. Néanmoins, il est à noter que tous les clubs dans les pays cibles, sont considérés comme des associations à but non lucratif dans leur fondement. Mais ce statut n'a généralement durée que le temps de la création. Il devient problématique le jour où un président mégalomane prend les commandes d'un club en difficulté (toujours). Celui-ci y injecte un peu de ses finances, jusqu'à ce que le club atteigne un certain niveau de médiocrité louable. De facto, le statut ou la forme juridique de l'équipe change officieusement et sans transition.

Le modèle associatif cesse d'exister avec l'avènement de fonds parce que le nouveau président se mue, par le fait même, en propriétaire du club. A ce propos, on pourrait dire qu'il existe deux modèles juridiques des clubs de football subsaharien qui se mélangent, s'entremêlent et se structurent d'une manière barbare. Certes, l'on ne saurait oublier qu'il existe des clubs avec des propriétaires connus et reconnus. Mais dans le fond, ces derniers sont constitués en clubs associatifs avec des membres fictifs pour la plupart et son généralement au départ des académies de football.

L'important est de constater que la base de toutes ces organisations sportives est associative, et que la donne change en cours de route avec le gain financier. Là est le nœud du problème. Officiellement, on est en présence de la forme associative jusqu'à la rencontre des financements ou des gains financiers. On passe donc à une gestion individuelle des biens communs. C'est le point de départ des querelles.

En effet, avec les rentrées d'argent, les querelles internes commencent jusqu'à l'éclatement ou tout simplement la scission. Les intérêts cessent d'être les mêmes, chacun voulant mettre en œuvre son projet personnel au détriment d'un, qui soit commun. Au final, le président se retire et va créer un club (académie), dont il est cette fois le propriétaire. Mais jusque-là le problème reste entier. Les équipes fonctionnent sans fondement juridique véritable.

Les clubs associatifs sont en réalité des club-personnifiés parce que, non seulement le rôle des membres n'est pas clarifié en pratique, mais eux-mêmes sont inexistants sur le terrain. Les statuts et les règlements intérieurs de ces clubs sont parfois clairs sur le rôle des uns et des autres, il reste que la majorité des membres n'en a jamais pris connaissance. Leur présence et leur pertinence ne sont pas perceptible de façon empirique, ils sont fictifs dans la mise sur pied du projet du club et de son modèle de financement ou économique. La quasi-totalité de ces équipes de football repose entre les mains d'un nombre très réduit de membres actifs sur le plan financier. La vie du club-associatif revient finalement soit à la charge du président et de quelques membres de son bureau, soit au président tout seul. C'est la grosse difficulté des clubs dits mythiques en Afrique.

Ces clubs aux grands noms ont servi à plusieurs, de levier politique. Certains dirigeants y ont séjourné pour des fins politiques et stratégiques. Ils ont habitué les membres à se sentir incapables d'apporter un appui financier en se passant de leurs cotisations ou tout apport du genre. Ils ont financé le club avec des fonds aux origines parfois douteuses, quand ceux-ci ne sont pas personnels. Leurs successeurs ont adopter le même mode de fonctionnement.

Par conséquent, les clubs deviennent des propriétés privées, quand bien même la formule de base veut qu'ils soient associatifs. Le président « riche » et dépensier finit par se retrouver seul investisseur mais avec de bénéfices futurs à partager, à redistribuer même lorsque les membres ont déserté volontairement. Une utopie, dans la mesure où on ne saurait partager obligatoirement les fruits de son investissement personnel avec des membres passifs et inexistants. C'est le début d'une crise extra-sportive qui conduit à une crise sportive qui, elle-même débouche sur une crise générale. La sentence est naturelle : la division ou tout simplement la disparition du club. Si la cause de cette situation finale vient du manque d'implication et d'investissement des membres dans le fonctionnement de l'association, il faut relever que cette absence peut avoir quatre explications.

Dans certains cas, l'absence des membres dans la gestion du club est une volonté égoïste du président de ne pas avoir à rendre des comptes sur sa gestion. Ensuite, elle peut s'expliquer par la mauvaise foi des membres, qui refusent d'assumer volontairement leurs engagements vis-à-vis de l'association. En outre, l'absentéisme des membres peut aussi être du fait de l'ignorance sur leurs attributions volontaristes et bénévoles conformément aux textes qui régissent son fonctionnement. Enfin, il y'a des raisons familiales, tribales ou politiques. Dans ce dernier cas, cela se traduit par le fait que les présidents s'entourent de leurs frères ethniques, communautaires ou de leurs familles politiques, en marginalisant toutes les personnes d'obédiences tribales et politiques contraires.

D'un cas à l'autre, il y'a généralement une volonté manifeste du président et de quelque groupuscule de membres de prendre en otage l'association, afin de la contrôler en totale liberté. Il est donc mis en œuvre une démarche mafieuse par le président et/ou de ce groupuscule de membre, visant à négliger ou minimiser les apports des autres membres. Cette méthode devient généralement le nœud du problème ; puisqu'elle peut s'apparenter à une forme de discrimination sociale et associative qui aboutit, soit au départ prochain du président pour son propre compte, soit à l'éclatement du club.

Une situation qui entache chaque année le football camerounais, où les équipes vivent des crises internes sans précédents. Des crises qui conduisent à l'éclatement ou division des équipes. On a connu les crises du Tonnerre Kalara Club (TKC), du Canon Sportif de Yaoundé, de la Panthère Sportive du Ndé, de Caïman de Douala, de Dynamo de Douala, de Lausanne FC et de bien d'autres équipes. En côte d'ivoire, l'Africa Sport en a souffert. Le Rail Club du Kadiogo, l'Asec de Koudougou et bien d'autres au Burkina Faso en ont souffert. Bref quelques soit le pays, les réalités dans ce sens sont les mêmes.

Définitivement, l'on ne saurait définir clairement le modèle juridique propre à l'ensemble de clubs. Dès lors qu'il y'a un passage ou une mutation sans transition, en cours d'exercice budgétaire d'un président, d'une gestion participative à une gestion strictement personnelle, il est difficile de maîtriser les mécanismes opérationnels de fonctionnement des clubs de ce football. C'est aussi ce flou qui est à l'origine des incompréhensions et des malentendus. De nombreuses crises sont observées à travers les clubs. Des crises en relation avec la gestion complexe des présidents de clubs. Une gestion hermétique qui ne laisse filtrer aucune information. Dans le fond, cette gestion n'est pas toujours négative, mais le fait de se transformer en « dictature » pose problème dans les équipes qui sont censés être dans la réalité, des associations à but non lucratif.

Bien qu'ayant reconnu l'absence participative délibérée de plusieurs membres, dans la constitution du budget des clubs, il nécessite néanmoins de trouver des formules de composer avec ceux-ci, à travers des sensibilisations et des formations sur le fonctionnement d'une association et les attributions des membres.

Incontestablement, le flou sur la structuration des associations et des formes juridiques est à l'origine des maux qui étouffent le développement des clubs et du football. La mise en œuvre mystérieuse de la forme juridique des clubs ne favorise pas une implémentation solide de ceux-ci, contrairement aux différentes formes énoncées plus haut : des statuts juridiques clairs et qui établissent les responsabilités pour des organisations sportives solides et prospères.

De toute évidence, les clubs hexagonaux se sont lancés dans une véritable industrialisation du football. Les bénéfices dans ces structures sportives sont chiffrés à coût de milliards de francs CFA. Ce qui permet de faire des footballeurs de véritables richissimes hommes. Ils brassent des dizaines, voire des centaines de millions de francs CFA mensuellement. Les politiques de marketing et de marchandising mises sur pied dans ces pays sont de haute facture. Des intelligences sont courtisées, réunies, et bien rémunérées pour l'aboutissement de grands projets sportifs.

CHAPITRE 4 : LE PROJET SPORTIF DES CLUBS

« Pour savoir quelle direction prendre, il faut savoir où l'on va, le cas contraire, on est en pleine divagation.».

Un projet sportif est une envie, une idée ou une pensée portée par un individu ou un groupe d'individus concourant à l'atteinte d'un objectif. Mais la particularité du projet sportif vient du fait qu'il a une portée ambivalente dans son essence, parce qu'il peut être individuel mais aussi collectif selon le mode de gestion et de gouvernance du club. C'est-à-dire qu'il est fonction de la structuration du club. Mais il est essentiel pour tout club d'avoir un projet sportif fiable et objectif pour l'atteinte des objectifs à court, moyen ou long terme.

En clair le projet sportif est la combinaison d'une politique managériale, en fonction des objectifs (des ambitions), et des ressources (humaines, financières et logistiques) y afférentes. Le projet sportif se fait en cinq étapes cruciales et indispensables les unes des autres. Il s'agit de réunir, de partager, de décider, de concrétiser et d'impliquer ou organiser.

De façon sommaire, il consiste à réunir un groupe de travail suite à la situation générale du club et d'une certaine vision (réunir) ; de faire un diagnostic de la situation pour comprendre la source du malaise (partager) ; de définir des objectifs ou des orientations à travers une politique ou un système concret permettant l'atteinte du but ou des résultats escomptés (décider) ; ensuite établir un plan d'action, c'est-à-dire organiser les tâches, définir les rôles et mettre au point les moyens de la politique (concrétiser) ; et enfin opérationnaliser ou organiser la mise en œuvre (impliquer). C'est un cheminement capital dans la création ou la bonne « santé » d'un club de football. Tout commence par un projet sportif même-ci l'on peut s'en servir aussi pour remédier une situation de crise ou critique d'un club pendant son parcours. Le projet sportif est la preuve de la sérénité, de la maîtrise de l'environnement professionnel et administratif de la gestion organisationnel ; et d'une vision globale donc l'implémentation concoure au développement de l'équipe.

Cependant, parler de projet sportif, c'est évoquer par commutation les pays avec un niveau d'organisation sérieux, avec des clubs ambitieux et professionnels. Parce qu'il n'existe que dans un cadre où les pensées et les visions sont portées vers le sacre, le rayonnement ou une stabilité de gestion et du parcours, basée sur la durée et permettant un ajustement des comptes et des compétences sur les plans sportifs et financiers. Des idéaux propres au football professionnel qui combine à la fois une vision et une visée auxquelles s'associent des ressources (globales) conséquentes. Il est capital que des équipes de football pensent à des politiques de gestions et de managements en fonction des ambitions et des visées.

En effet, une bonne politique, une ambition et une visée ne sauraient exister sans moyens d'accompagnement, sans ressources authentiques et empiriques et sans structures ou logistiques propres. Une ambition sportive sans moyens financiers, sans ressources humaines et logistiques appropriés est vaine. Quand bien même, elle serait mise sur pied, elle ne saurait être pérenne. Le football professionnel est une association d'idées et des ressources y afférentes.

Pourtant, c'est un autre gros manquement au sein des clubs. De prime à bord, les projets sportifs n'existent pas. On voit brandir des ambitions chaque année, sans jamais faire des efforts pour les réaliser, ou sans savoir comment passer à l'étape supérieure après avoir franchi le premier pas. Et l'on est surpris de l'échec constant, alors qu'on n'a jamais su diagnostiquer la situation du club. Il ne fait aucun doute qu'autant de fois qu'on se trompera sur l'origine du mal ou la connaissance du mal, autant de fois on se trompera sur son traitement. Ce qui complique au fil des années la situation de ces clubs et du football dans ces Etats. On ne peut pas prétendre arriver à destination sans connaître ladite destination au départ du voyage. Pour savoir quelle direction prendre, il faut savoir où l'on va, le cas contraire, on est en pleine divagation.

A l'annonce de chaque saison, on a des gens qui se précipitent dans des affaires sans aucune vision, aucun objectif, aucune base, aucune assise. Ils se livrent à une dépendance catégorique et obligataire qui les conduit par la suite à trouver, en la subvention et au soutien des instances gouvernementales ou fédérales, un impératif inconditionnel.

Il est regrettable, le fonctionnement purement puéril des responsables des clubs sportifs fédérés. Ils veulent se développer, sans tenir compte des préalables ou de la démarche disciplinaire et méthodologique que recommande ce processus. Une attitude imbibée d'irresponsabilité et saupoudrée d'inconséquence par des personnes qui ont tout un secteur d'activité dans leurs mains. Mais comment pourrait-il en être autrement, si l'on ne compte que sur les subventions fédérales et étatiques pour assurer le fonctionnement des associations. Une sempiternelle dépendance significative du niveau alarmant de ce sport, car la dépendance et l'irresponsabilité sont contre-productives pour tout système de développement ambitieux et durable. Nous reviendrons sur cette dépendance plus loin, pour montrer l'incongruité d'une telle politique de développement.

Mais comment peut-on espérer prospérer si le seul apport consistant n'est que fédéral ou gouvernemental ? Est-il envisageable de miser sur une telle politique pour atteindre ses objectifs, surtout au vu des minables sommes que donnent certaines de ces Fédérations ? Quelques clubs d'élite perçoivent une subvention de 10 millions de francs CFA la saison. Une somme dérisoire et très insuffisante, pour que des dirigeants de clubs s'en contentent ou alors s'en limitent. C'est incroyable de croire que c'est sur la base de cette petite subvention, qui n'est autre qu'un moyen d'accompagnement de la part des Fédérations de Football National et des gouvernements, que les dirigeants de clubs fondent leurs espoirs de budget annuel, devant servir de fond salarial pour les joueurs et l'encadrement technique, ainsi que pour le fonctionnement propre. Conséquence, les joueurs sont contraints de poursuivre l'aventure vers des championnats plus huppés et parfois au péril de leur vie et des endettements familiaux.

Un club de football ne saurait se limiter au seul soutien fédéral ou étatique. Une équipe brille par le niveau de conception, d'implémentation, de suivi et d'évaluation de son projet. C'est donc un investissement progressif qui caractérise la grandeur d'une équipe. Cela nécessite ses propres forces financières, du moins, des fonds propres auxquels s'ajoutent donc les subventions fédérale et étatique. Mais un investissement qui repose essentiellement sur l'appui financier externe (sous le forme d'accompagnement) est faussé d'avance, surtout lorsque cette aide est « gratuite » et selon la volonté des autorités politiques.

C'est ce qui explique les débuts tardifs des Championnats et les ruptures ou les arrêts incessants des compétitions dans ces pays. Ce qui a été le cas des championnats du Cameroun et du Togo entre 2012 et 2015. Le football gabonais a pris un gros coup en 2016 avec la baisse de la subvention étatique d'environ 31%, passant de 5,969 milliards à 4,101 milliards. La Ligue de Football Gabonaise a dû revoir la grille salariale des joueurs à la baisse de 62,5% en Division 1 et 46,5% en Division 2, passant respectivement de 400 000 F cfa à 150 000 F cfa et de 150 000 F cfa à 80 000 F cfa.

La non-participation du club togolais de Sokodé (Sémassi FC), à la Coupe des Confédérations de la CAF en 2018 pour défaut de financement étatique et fédérale témoigne de cette dépendance nocive.

On peut aussi relever la situation ayant conduit à la relégation en deuxième division du mythique club ivoirien de l'Africa Sport, qui a été en cessation de payement des salaires entre 2020 et 2022, au point où les joueurs ont été contraints à se remettre ouvertement à la fédération ivoirienne de Football (FIF), alors dirigée par un comité de normalisation, présidé à cette période par madame Mariam Dao Gabala. La banderole érigée pour les besoins de communication avait fait le tour des médias.

Il est fréquent de connaître des arrêts répétés des championnats par les présidents de clubs, créant une situation de blocus parce que, plus souvent à court de moyens financiers pour débuter ou poursuivre la saison. Alors, si l'on n'arrive pas à avoir des moyens pour débuter la saison, comment pourrait-on envisager la terminer ? Que d'interrogations qui ne finissent pas d'inquiéter, tout en illustrant un mal être général de ce football. Pourtant les clubs sont des structures qui doivent créer, multiplier et diversifier les sources de financement en fonction des ambitions et de la portée de leurs projets sportifs. Les moyens naissent d'autres moyens préalablement introduits et bien conduits, c'est cela la théorie de l'investissement et de la rente. Mais à défaut d'introduire leurs moyens propres, il se dégage une gestion calamiteuse de ceux qui leurs sont accordés gracieusement, mettant en exergue un véritable problème de gestion.

CHAPITRE 5 : LA GESTION DES CAPITAUX

« Il est impératif de veiller à une combinaison et une harmonie entre l'administratif, le sportif et le supportérisme ».

Dans le football comme dans toute affaire, on a impérativement besoin d'un capital-actions pour démarrer ou pour faire fonctionner son entreprise. Dans le cadre sportif, il s'agit d'une interconnexion de trois éléments fondamentaux qui conditionnent le développement des clubs. Le fait que cet aspect soit ignoré ou négligé par les clubs est la cause des championnats médiocres voire totalement mauvais que nous connaissons. Le football traine avec lui, trois actifs immatériels (Paché et N'Goala 2011) indispensables pour le développement ou l'existence des clubs. Le « capital humain » des joueurs (effectif et talent des joueurs du club) ; le capital « marque » du club (notoriété et image du club, infrastructures et logistique) ; le capital « client » des supporters, spectateurs ; des téléspectateurs et des internautes (valeur actualisée des revenus à venir provenant des supporters et des abonnés, des diffuseurs et des sponsors). On peut être tenté de résumer ces éléments en trois capitaux simplifiés : le facteur administratif, le facteur sportif et le facteur supporter.

Mais le problème de base, c'est qu'il n'existe pas ces trois capitaux dans ce football actuel en Afrique Francophone Noir ; et quand même ils existeraient, ils sont épars et divergents. Les dirigeants du football se comportent comme-ci l'absence d'un de ces facteurs du développement du football n'est pas problématique. Pourtant, c'est bien la cause de championnats pauvres, des clubs essoufflés et des footballeurs misérables, incapables de produire du bon spectacle.

Le football est un sport de spectacle, et avec de grands enjeux sportifs, économiques, culturels et même politiques. C'est pourquoi, il est impératif de veiller à une combinaison et une harmonie entre l'administratif, le sportif et le supportérisme. Ces trois rassemblés font d'un club une marque. Ipso facto, le football cesse d'être une corvée ou du bénévolat pour devenir réellement une fonction, un métier ou une profession pour les sportifs. Il devient professionnel. Donc, La clé du professionnalisme est l'unicité de ces trois facteurs qui sont incontournables, indispensables et indissociables. Ce qui semble improbable jusqu'ici.

Le capital managérial

C'est un ensemble composé des dirigeants de clubs et des staffs techniques. Il regroupe l'ensemble de personnes rentrantes dans la gestion quotidienne des équipes. Il s'agit de celles et ceux qui ont en charge la gestion financière, administrative et de la ressource humaine. Le dernier élément étant l'apanage des directeurs sportifs, des directeurs techniques ou tout simplement des entraineurs.

Cet ensemble de personnes est censés travailler dans le back-office (en arrière-plan) pour la grande majorité, excepté les entraineurs qui sont souvent exposés, au même titre que les footballeurs qui sont sous le feu des projecteurs. Cependant, c'est tout le contraire dans notre cas. C'est le capital administratif qu'on voit dans tous les médias, au-devant de la scène au quotidien, alors que les joueurs sont dans l'oubli total. Les stars dans le football ici, ce sont les présidents de clubs et les entraineurs, mais jamais les footballeurs. Une pratique déplorable et contre-productive pour le développement de ce sport.

Les dirigeants et tous les autres éléments entrant dans l'administration majorée ou minimale font un travail qui conditionne celui des deux autres capitaux. Dans les clubs de football, il leur est confié une tache décisionnelle critique dont la bonne ou la mauvaise maîtrise peut soit relever les clubs, soit les enfoncer. On parle d'un rôle prépondérant, mais dont-ils ne savent pas évaluer la délicatesse et la responsabilité dans le sens de leur engagement propre et de leur investissement personnel. En réalité, ces entités du capital managérial sont importantes pour l'existence et la résistance des équipes dans ce métier en pleine expansion. Non pas seulement parce qu'il leur revient de manager au quotidien ces équipes, mais surtout parce qu'ils doivent insuffler, en premier, une dynamique de développement en travaillant pour l'institutionnalisation de celles-ci. Et la seule issue possible reste et demeure le professionnalisme dans les échanges et les relations.

La responsabilité de l'administration générale ou du bureau exécutif.

Les membres des bureaux associatifs, bien qu'étant au-dessus de l'administration sportive, doivent éviter de s'immiscer dans la gestion professionnelle des effectifs sportifs. Cela ne leur enlève pas ou ne les empêche pas d'avoir un droit de regard sur la gestion managériale des techniciens. Ce qui ne saurait signifier qu'ils ont le droit de décision sur les choix des joueurs à aligner ou pas, lors des rencontres du club. Ils sont libres de questionner ces choix ou de remettre en cause un système de jeu ou un autre, s'ils estiment à la lumière des résultats, qu'il est bon ou pas. Mais tout cela doit être fait, en respectant les personnes en charge de l'encadrement technique, à savoir les entraîneurs. En aucun cas, ils ne devraient se substituer en ces dernier et imposer tel ou tel autre joueur, encore moins tel ou tel autre système de jeu. Respecter ces mesures leur confère aisément le droit d'exiger des comptes ou de sanctionner, sur la base des limites observées ; et les signifiées officiellement à l'encadrement technique.

Tout le contraire de la réalité actuelle, où les exécutifs de ces bureaux associatifs se comportent comme des rois. Sous la houlette des présidents, des licenciements abusifs sont perpétrés à longueur de saisons, sans tenir compte des procédures en la matière. Voir un entraineur rester trois années à la tête d'un club relève du surnaturel. Certains restent à la direction des équipes, à peine quelques mois suivants leur arrivée. D'autres plus chanceux, y exercent le temps d'une ou deux saisons maximums. Il arrive généralement que sur un coup de tête d'un membre du bureau associatif ou sur un caprice du président, l'entraineur soit mis à la porte sans explications valables et généralement sans indemnités de licenciement.

D'ailleurs, c'est aussi le sort qui est réservé aux footballeurs dans ces clubs. Les présidents se livrent à des exclusions et libérations déshumanisantes. Pour une raison fondée ou montée de toute pièce, les footballeurs sont jetés des clubs, surtout qu'ils sont sans défense. Ces errements s'expliquent par la fuite en avant de ces responsables de clubs. Ils occultent leurs responsabilités dans quelque situation que peut connaître le club et jetent leur dévolu sur les autres acteurs. Un attaquant sera par exemple mis de côté, simplement parce qu'il ne marque pas pendant deux ou trois matchs, un autre joueur pour une blessure, ou pour avoir réclamé son salaire ou une prime. Pourtant la question fondamentale reste de savoir si ces joueurs ont été mis dans des conditions optimales ?

Que ce soit dans le premier cas ou dans l'autre, les responsabilités sont partagées et les solutions sont la patience et l'entrain. C'est-à-dire qu'il revient eux dirigeants de donner la possibilité au joueur de continuer de travailler sur les aspects qui lui manquent, avec l'aide et l'assistance des encadreurs, mais aussi DE veiller sur la santé physique des blessés, qui ont besoin d'un suivi et d'un traitement particulier. N'étant véritablement pas assurés pour des cas grave ou sérieux, les clubs doivent pouvoir prendre en charge les cas de blessures graves des joueurs qui sont souvent contraints d'abandonner le football trop tôt et sans préparation. Et enfin, ils doivent respecter leurs engagements salariaux sans que cela ne soit conditionné par quelques résultats sportifs. Le salaire d'un joueur n'est pas conditionné par les bons résultats ou mauvais résultats du club, mais par le respect des engagements contractuel du joueur, en lien avec sa présence aux entrainements et lors des matchs lorsqu'il y est convoqué.

Dans le cas des résiliations abusives des contrats en mi-saison, les présidents de clubs et leurs affidés devraient réexaminer cette pratique inhumaine. Des solutions de prêts des joueurs sont bénéfiques pour toutes les parties. Il est préférable de trouver des points de chute en mi-saison aux joueurs indésirables, au lieu de s'en débarrasser comme de vulgaires chiens atteints de la râge.

Les différents managers, dans le sens anglo-saxon du mot, sont les responsables lors du triomphe et par conséquent, ils le sont aussi lors de l'échec. Et puisque le constat général fait état d'un football biaisé, ils sont considérés logiquement comme les seuls responsables de ces échecs massifs et collectifs. Par leurs fautes, la vie et le fonctionnement des clubs de football tournent sur les faits divers concernant les dirigeants et leur administration. Et la a multitude de querelles dans les clubs justifie à suffisance cela. Les questions essentielles sont traitées avec dédain. Les recrutements sont faits avec le plus grand bâclage, un bazar de joueurs, aucune politique sportive. Une improvisation digne d'amateurs mais avec des conséquences très dévastatrices. Le copinage, la corruption et le clientélisme dans les clubs de football sont aussi du fait de ces dirigeants.

Les entraîneurs sont choisis dans le même désordre et la même incohérence. Pas de véritables critères conduisant à leur choix. Conséquence, des recrutements de joueurs subjectifs ou incompris ; le football demeurant autant amateur que le sont les dirigeants, tout comme les fédérations. Un amateurisme nauséabond, dont les seuls à ne pas s'en rendre compte, sont ces responsables.

Au même moment et en même temps qu'il faut dénoncer ces pratiques injustes, inacceptables et en déphasage avec le professionnalisme à l'encontre des entraineurs et des sportifs, il faut aussi reconnaître que ces dirigeants sont généralement induits en erreur consciemment ou inconsciemment par la direction sportive ou l'encadrement technique.

La responsabilité du management sportif.

Le rôle du directeur sportif étant totalement méconnu et quasiment inexistant, la responsabilité de la gestion des effectifs revient essentiellement eux entraineurs. Ils rendent compte aux dirigeants de l'évolution et de la progression sportive du club. Ce qui signifie qu'ils sont responsables des aspects techniques et purement sportifs des équipes. Ils procèdent au recrutement des joueurs, dans le principe. La réalité étant qu'ils subissent très souvent ces recrutements, le top management se permettant de faire le choix des joueurs, sans leur implication ou leur accord. Puis, ils mettent sur pied des plans et stratégies de jeu leur permettant de faire face à l'adversité durant la saison et selon les « ambitions » officieuses des responsables des équipes.

Ils ont donc la lourde responsabilité de gagner des matchs et d'engranger le maximum de points pour faire une bonne impression durant les phases des compétitions. Pour y parvenir, à défaut d'avoir contribué ou participé au recrutement des joueurs, ils ont l'obligation de trouver la formule exacte devant conduire leurs équipes à la victoire. Et c'est à ce niveau qu'il est attendu des stratégies, des tactiques et des systèmes de jeu perceptibles, cohérents et efficaces. Leur implémentation requiert nécessairement l'utilisation minutieuse et intelligente des joueurs, mais aussi, la maîtrise même de sa stratégie, de sa tactique et de son système propre. Car en effet, il n'existe pas de stratégie ou de tactique universelle, en partant du sens originel de ces mots.

L'encadrement technique : la stratégie, la tactique et le plan de jeu

La stratégie renvoie à la planification des actions de destruction de ses ennemis par une utilisation efficace des ressources disponibles. Pour le professeur Ramdane Mostéfaoui de l'Université de Picardie Jules Verne, la stratégie désigne l'art de conduire les troupes dans des affrontements avec des ennemis et les ruses permettant d'arracher des victoires. La tactique quant à elle indique la manière même de combattre, de mener des actions en pleine bataille dans l'optique d'atteindre des résultats probants. La similitude sémantique de ces mots permet de dégager trois éléments immatériels indispensables pour le résultat final, à savoir la planification, les moyens d'action et la ruse ou l'intelligence tactique.

La disposition tactique n'est donc qu'un alignement de base des ressources humaines mobilisées pour le combat, et dont la complémentarité permet un équilibre structurel global. Mais cet alignement n'a de tactique que dans sa capacité d'ajustement, de réajustement et des plans de projections animés et malléables selon le déploiement de l'ennemi. La tactique n'est pas figée, elle est dynamique et modifiable sur le cours des hostilités et en fonction de la menace, de l'évolution de la bataille et des ressources perdues ou à dispositions, toujours dans l'atteinte de l'objectif initial ou d'un objectif circonstanciel ou conjecturel pouvant se traduire par le niveau très élevés de l'adversité ou d'un déséquilibre des forces durant les affrontements.

Dans le football, la disposition tactique ou le plan de jeu renvoie donc à la manière de départ, d'aligner les joueurs. On parle communément de classement des équipes en 4-4-2, en 4-3-3, en 3-4-2-1, en 3-5-2 et tout ce que l'on peut imaginer d'autre. Mais en réalité, ces dispositions tactiques n'ont d'importance que dans leurs animations. Chaque entraineur doit, en fonction de ses objectifs, privilégié un plan de jeu, plutôt qu'un autre, non pas en tant que disposition stéréotypée des joueurs, mais comme un ensemble de circuits de déplacements préférentiels efficaces et destructeurs de la stratégie et de la tactique adverse. Le but étant de faire « mal » à l'adversaire, la maîtrise du plan de jeu doit être parfaite, tout comme la lecture du jeu ou du plan de jeu de l'adversaire.

Il faut donc une certaine capacité d'analyse du jeu et d'interprétation rapide des faits de match, pour anticiper sur les actions et les réactions à venir de l'adversaire. Cette aptitude d'analyse et d'interprétation prompte et parfois instantanée peut être appelée intelligence de jeu chez le joueur et intelligence tactique chez l'entraineur.

La notion de désordonné tactique prend tout son sens lorsque certains joueurs n'appliquent pas ou ne respectent pas le dispositif tactique mis en branle par l'entraineur. Néanmoins, cette expression mérite une nuance, car le contexte général dans lequel la majorité d'entraineurs dans nos pays l'utilise est biaisé. Pour parler de désordre tactique, il faut au préalable, pour un entraineur, avoir briefé ou révisé son plan tactique avec le sportif, qui finalement fera autre chose, ou à contretemps ce qui avait été prévu. Sans ce préalable, aucun footballeur ne saurait être traité de désordonné tactique, dans la mesure où chaque technicien a son plan tactique. Ce joueur étant passé sous les ordres d'autres, il est normal qu'il exprime autre chose que ce que lui demande un entraîneur dont il n'a pas encore reçu de stratégie.

Dans le football moderne ou professionnel, il y'a une notion nouvelle pour expliquer les déplacements hors tactiques ou intelligents des grands joueurs. On parle de dézoner, ou dépassement de fonction. Lorsqu'un joueur délaisse son poste pour se retrouver à celui de son équipier, on dit qu'il a dézoné. Ce qui dans notre cas particulier serait qualifié de désordre tactique. Alors même qu'un joueur peut sentir ou lire intelligemment une action et prendre les dispositions pour l'enrayer ou pour la sublimer selon qu'elle soit contre ou pour sa propre équipe. La conséquence de ces mauvaises interprétations, de ces incompréhensions et de la rigidité stratégique dans la gestion ou la conduite d'un match fragilise le joueur et affecte considérablement son esprit de créativité ou d'innovation.

La difficulté dans la gestion d'un match est la compréhension du jeu à travers la maîtrise de la tactique, du plan ou de la stratégie de jeu adverse. Cette maîtrise du plan stratégique adverse permet d'y faire face, de le neutraliser, mais surtout d'imposer le sien. Pour y parvenir, il faut pour un entraîneur, au-delà de son enseignement stratégique, un discours dopant et une gestuelle motivante, loin des injures, des railleries et des cries déconcertants habituels. Les entraîneurs ont besoin de pédagogie et de management dans le sens de la gestion des ressources

Dans le football, la stratégie ou le plan de jeu, la tactique et le système de jeu sont du ressort des entraineurs. C'est essentiellement pourquoi les dirigeants ne devraient pas s'en mêler, vu le caractère technique de ces aspects. Seulement, il faut que la maitrise de ceux-ci soit évidente et perceptible. L'ingéniosité dans la pensée et les actions (mouvements) d'ensemble de l'équipe doivent être porteuse de réussite et de succès sportifs, à défaut de garantir une production optimale de spectacle sportif. Mais il faut éviter que cela se fasse au détriment des footballeurs.

Le capital humain ou les joueurs

Les footballeurs en Afrique subsaharienne francophone sont réduits à la mendicité. Ils sont des éternels enfants, bien que des responsables de famille pour certains. Aucune reconnaissance, pas de considération encore moins d'estime. Ils sont sans salaires, sans primes de matches, sans primes de signature. Plus de 80% des footballeurs ne perçoivent pas la totalité de leurs primes à la signature, alors que 70% des clubs terminent les championnats avec des salaires impayés et 40% avec des retards de primes de matchs. Par conséquent, environs 90% de footballeurs en Afrique noirs quittent les clubs avec des arriérés de salaires et des primes impayées.

Pourtant la pression est tellement énorme que le coup psychologique que reçoivent ces joueurs est dévastateur, tant il est choquant. Les footballeurs vivent un traumatisme collectif qui empêche tout épanouissement. Ils ne progressent pas dans leur performance. Et pour ceux qui arrivent à atteindre un niveau admirable, ils sont contraints à s'exiler de peur de voir les performances baisser les mois suivants. L'alimentation est inapproprié, les stades impraticables, le matériel d'entrainement et même de matchs insuffisants et dégoutants.

Les seuls jours où les clubs pensent à l'alimentation des joueurs sont les jours de match. Le reste du temps, les footeux sont dans une misère extrême. Ils sont livrés à eux-mêmes et ils sont condamnés à se nourrir de farine de manioc (garri), de haricot au riz (émolowu, watché, benga) alors qu'il est indispensable pour un sportif de haut niveau d'avoir une bonne hygiène alimentaire.

Le matériel personnel des joueurs est indésirable. Ils ne peuvent pas avoir de bonnes chaussures d'entrainement ou de matchs ou de bons équipements propres. Ceux fournis par les clubs sont parfois de qualité déplorable ou passable : des chaussures de contrefaçon, des tee-shirts d'entrainements dénués d'esthétique et effrayant. Le matériel d'entrainements est pitoyable. Des clubs sans ballons d'entraînements. Pour des effectifs pléthoriques, certains clubs n'ont que quelques ballons et de mauvaises qualités ; qui sont souvent aussi dégradés. Des aires d'entrainements confondus aux plantations ou à des chantiers de construction. Elles sont bossus, granités, boueuses, poussiéreuses ou sablonneuses. Des surfaces diverses et quelconques, tordues, penchées. Des vestiaires souvent oubliés et insalubres. Des toilettes omis ou mal entretenus.

La situation est gravissime lorsqu'il est demandé aux professionnels des sélections nationales de s'entrainer ou de jouer sur les mêmes aires de jeu. Pour les pelouses synthétiques, les tapis sont totalement rongés et dégradés par le temps, l'usage abusif et le manque d'entretien. Les pelouses naturelles n'échappent pas à ce chaos. Aucun traitement, pas arrosées ou désherbées. Bref les infrastructures sur lesquels les footeux sont appelés à s'exprimer sont dans des états de délabrement immonde. Un tel degré de négligence avilissant pour les footballeurs qui aspirent à jouer au haut sommet du football ; ou qui y sont déjà est en déphasage avec le football professionnel.

Les dirigeants se comportent comme des pseudos rois en s'estimant être essentiels pour les clubs. Une arrogance transmise aux entraîneurs qui, à leur tour, piétine les footballeurs qu'ils considèrent comme des malfamés, des mendiants ou comme des esclaves prédestinés à la soumission. Dans ce football, les présidents sont des dieux et les entraîneurs des seigneurs. Les footballeurs sont les seuls méprisés. Des laissés pour comptes, à qui l'on exige des résultats satisfaisants.

Footballeur et motivation.

L'aspect psychologique étant prépondérant pour le sportif, les résultats dans le football sont conditionnés par le facteur « motivation ». Puisque nous sommes en situation de double motivation, le joueur est motivé depuis la période qu'il a décidé de devenir footballeur professionnel (motivation interne). Sa présence dans un club de football aux exigences et ambitions (quoique bien de fois supposées) conditionnent la suite de sa carrière sportive (motivation externe). Le degré de motivation du joueur évolue en fonction du traitement qui lui est réservé par le club, de l'importance du club et de ses ambitions.

Un footballeur qui joue dans un club X, au sein duquel il gagne un salaire 1 ; et dont les ambitions n'existent pas, sera attiré naturellement par un club Y ambitieux, où il gagnerait un salaire 10. La considération qui s'associe est un excitant de plus pour ce joueur. Les performances du joueur vont allez croissement et les résultats du club seront meilleures. Un joueur qui joue dans un club au Togo, au Burkina Faso, en Côte d'Ivoire ou au Benin verra son niveau et ses performances augmenter, une fois dans un club professionnel, même dans un autre club en Afrique.

Donc, il faut comprendre que la motivation est un facteur capital pour un footballeur. Malheureusement, c'est un fait ignoré par les dirigeants du football. La pensée portant à croire que donner de l'argent à un footballeur est négatif pour lui, est totalement erronée et démodée. Certains dirigeants administratifs du football, en plein XXI siècle, estiment qu'il ne faut pas habituer aux footballeurs à avoir de l'argent. Par conséquent, il faut éviter de donner des sommes comme 650 000 f cfa (environs 1000 euro) aux joueurs.

Cette approche lamentable est une incongruité qui prouve que l'on ne maîtrise, ni l'importance, ni le rôle du football dans la vie de ces jeunes. Ce sont des employés du domaine du football. Ils doivent vivre de leur métier. De même qu'un ministre est payé pour son travail, un fonctionnaire, un coach ou autre, de même le footballeur doit être payé. Il travaille pour gagner sa vie et il est à la tâche tous les jours. Ce que l'on oublie consciemment. Cette fâcheuse façon de croire que le footballeur ne vaut rien, ne fait rien et par conséquent ne mérite rien est une aberration condamnable. Quel est ce métier où l'on est payé plus par pitié que par mérite ? Le football africain !

Les quelques clubs ambitieux et/ou sérieux sont les seuls à intégrer la phase de groupes dans les compétitions de la CAF. La force du Tout Puissant Mazembe sur le plan continental réside dans son sérieux et la considération accordée aux joueurs. Ils sont payés à hauteur de millions mensuels (des salaires pouvant atteindre 25 000$ hors primes). Le budget du club est estimé à 15 millions de dollards en 2015. Des clubs tels que Horoya AC et Hafia FC de Guinée Conakry, Cotonsport de Garoua du Cameroun, le Vita Club ou encore l'Asec d'Abidjan, Energie FC de Cotonou, AS FAN du Niger, AS Douanes du Burkina Faso sont quelques exemples du sérieux dans le traitement réservé aux footeux. Pendant que ces clubs donnent des rémunérations conséquentes aux joueurs, dans le reste des clubs ce qui est alloué aux acteurs principaux du métier est dérisoire. Des salaires piteux qui, en plus, ne sont pas toujours versés. Les joueurs vivotent alors qu'ils travaillent. Aucun scrupule pour les patrons du football qui s'enrichissent sur le dos des footballeurs.

C'est triste pour les joueurs qui sont incapables de manger à leur fin, mais à qui on exige des résultats et dont la moindre contreperformance est inacceptable et blâmée. Ils sont vilipendés parce qu'ils auraient été payés quelques jours précédent un match. Le discours des dirigeants et entraineurs à leur égard relèvent de la barbarie et de l'obscénité animalière.

Et l'on se plaint du résultat final en oubliant que c'est la conséquence du mauvais traitement qui conduit au traumatisme, au stress et autre psychose. Pourtant ces derniers ne demandent rien d'autre, que de l'estime et de la considération. Parce qu'ils en ont besoin pour mieux exprimer leur talent et même pour se mettre véritablement au travail. Le ton vient de l'organisateur, du commandant en chef. Et dans le cas typique du football, les commandeurs sont les patrons du football, les fédérations, les dirigeants des clubs ou encore les techniciens que sont les coaches. Le sérieux exigé aux footballeurs est conditionné par celui de ces derniers. Leurs performances seront le fruit du bon traitement, de la considération et du témoignage d'estime. Mais aussi de la reconnaissance du travail, des efforts et des sacrifices accomplis.

L'absence de motivation externe

Le football est plus psychique qu'il n'est physique. Les performances et les résultats sportifs sont conditionnés par la qualité de l'état d'esprit du joueur. Il produira un meilleur football si les conditions d'avant match ont été bonnes. Un match de football se prépare et sur tous les plans. Malheureusement l'aspect extra sportif est bien négligé dans les clubs. Ni les techniciens, ni les dirigeants ne se soucient de la vie des joueurs en dehors du stade. C'est-à-dire que les footballeurs sont connus seulement les jours de matches. Les jours d'après ne comptent pas jusqu'au prochain match. Ils sont abandonnés si jamais ils contractaient de blessures. Aucun suivi, aucun accompagnement ou de mesures d'aides. Tout commence et se termine au stade. La santé du joueur ne compte pas. Une fois blessé, le joueur est très vite oublié dès lors qu'il est remplacé par un autre.

Plusieurs footballeurs se retrouvent dans des situations de confusion à l'heure des matchs. Comment envisager qu'un joueur donne le meilleur de lui, s'il pense à son problème de baille. Il est menacé d'expulsion par le propriétaire de sa chambre au moment où il se prépare à livrer un match de championnat. Il a un enfant malade et sans argent, mais est appelé à jouer un match de championnat. Certains autres ne mangent véritablement que s'ils font partie du groupe devant prendre part au match, les autres jours ne donnant pas accès à ce genre de repas parfois copieux.

Les salaires déshonorants

Prenons le cas de deux footballeurs. Un joueur X de TP Mazembe, qui gagne 5000$ mensuel et un joueur Y de l'Etoile Filante de Ouagadougou qui gagne 200$. Les deux sont appelés à se rencontrer en compétition africaine. Quel degré de motivation attendre des deux joueurs dans une opposition ? Pendant que la prime du joueur X s'élève entre 1000$ et 2500$, le joueur Y joue le même match avec une promesse de prime de 25$. Soit 1 centième de la prime de son adversaire. Il en est ainsi de l'opposition entre les clubs de l'Afrique noir contre les clubs du Maghreb. Le degré de motivation ne saurait être le même.

Sur une échelle de 100, alors que le joueur X sera motivé à 100%, le joueur Y sera à 75% ; et ledit pourcentage est divisé en deux parts distinctes : 50% de motivation intrinsèque et seulement 25% de la motivation externe, dû, pas pour les 25$ de prime promise, mais par la nécessité de s'offrir une opportunité de rejoindre l'adversaire du jour quelques mois plus tard. En clair, le joueur Y (amateur) joue pour la seule motivation de rejoindre son adversaire afin de gagner sa vie, que pour son club du moment. Alors que le joueur X joue pour gagner sa vie grâce à son salaire et sa prime actuelle (le professionnel), le joueur Y sacrifie sa vie actuelle en se donnant corps et âme pour un avenir incertain (amateur). Malgré les risques que cet engagement gratuit comporte, le joueur Y s'y met et se livre à fond dans l'espoir d'être recruté, soit par ses adversaires, soit par d'autres clubs du standing de ces adversaires qui pourraient avoir des agents dans les gradins.

C'est ce qui explique la qualification du club togolais amateur de Lomé (Togoport AS) en phase de Poule de la Ligue des Champions de la CAF en mars 2018, en éliminant le club soudanais professionnel, Al Hilal Obayed. C'est un exploit puisque c'est la première qualification d'un club togolais à ce stade de la compétition. Mais c'est exploit qui relève plus du sacrifice des joueurs que de l'administration, au regard des salaires et primes accordés à ces joueurs, selon le tableau ci-après.

Tableau 2 : des estimations moyennes des salaires et des primes entre 2010 et 2018 par pays.

	Ligue 1 Entre 2010-2018		Ligue 2 Entre 2010-2018	
Pays	Salaire	Prime	Salaire	Prime
Bénin	80 000 F	15 000 F	45 000	5000
Burkina Faso	75 000	15 000	30 000	4000
Cameroun	100 000	15 000	50 000	15 000
Côte d'Ivoire	85 000	15 000	65 000	10 000
Gabon	125 000	20 000	80 000	10 000
Guinée Conakry	150 000	25 000	50 000	10 000
Mali	85 000	20 000	50 000	10 000
Niger	80 000	15 000	5 000	2500

Sénégal	75 000	15 000	50 000	5 000
Togo	40 000	10 000	10 000	5 000

Ces montants de salaires et primes en Franc CFA, sont des chiffres moyens de l'ensemble des clubs de ces pays. Il est évident que pris sur le plan unitaire, certains clubs donnent des salaires et des primes supérieurs à la moyenne. D'autre part, il y'a des clubs qui n'atteignent pas la moyenne et c'est la compensation entre les clubs qui donnent ces chiffres. Il est important de souligner que certains clubs ne versent pas la totalité des salaires et des primes sur l'étendue des saisons. Et ces salaires couvrent juste la période de championnat, la période de préparation n'est pas payée parce que les dirigeants estiment qu'elle correspond à une période qui n'est pas prise en charge par les Fédération ou les Ligues. Les subventions n'étant généralement versées, soit à l'annonce de la reprise du championnat, soit après la reprise de la compétition.

Donc les joueurs perçoivent (lorsque possible) finalement en moyenne 6 mois de salaires sur l'année. Pendant la deuxième moitié de l'année, ils sont oubliés. Ils se contentent de ces six mois de « rémunération » sans plaintes, bien que les contrats soient annuels et non saisonniers. C'est le traitement qui leur est réservé dans la quasi-totalité des clubs dans tous ces pays.

Les chasseurs de primes

Ils sont considérés comme une catégorie de joueurs dont le seul facteur motivationnel est la prime de match. Ces joueurs sont des victimes d'une société essentiellement injuste et inégale où la patience et l'espoir ont atteint des limites et sont devenus des révélateurs de désespoir. Une catégorie de footballeur au talent naturel et d'une intelligence de jeu incomparable mais qui ont cédé, par les limites du temps, à l'esprit de conquête et de quête du gain. Par conséquent ils ne sont là que pour les primes. En réalité, la motivation interne a cessé d'exister et la seule chose qui les intéresse désormais, c'est la prime potentiel de match gagné. Une victimisation subit dans le déshonneur, la désolation et un complexe d'infériorité se mêlant à l'aigreur.

Cette catégorie de joueur se situe entre 25 et 35 ans. Ils ont joué dans l'espoir de devenir des professionnels. Certains se sont fait prendre au jeu par des discours fallacieux et des promesses démagogiques des présidents de clubs ou des entraîneurs, à qui ils ont largement fait confiance. A force de déception et d'abus de confiance, ils ont plongé consciemment ou inconsciemment dans cette soif accrue de gain, qui s'explique dans le devoir et le sens de la responsabilité familiale imposé par le poids de l'âge. Ils sont peut-être considéré comme des victimes du football ailleurs, mais en Afrique ce sont des victimes d'un système pourri, non-maîtrisé et surtout mal entretenu par des dirigeants et des techniciens avides de pouvoir et d'argent.

Mal traité durant leur jeune âge et quelque fois mal conseillé, cette dernière catégorie de joueurs souffre par la suite d'une marginalisation planifiée et organisée. Une discrimination qui les empêche de continuer de pratiquer leur métier. Celui pour lequel ils se sont investis pendant de longues années. Ils sont écartés des clubs de football parce qu'ils sont considérés comme étant en fin de carrière. Puisque ils n'ont pas eu une carrière reconnue, ils sont donc taxés de « vieux ». Un terme évoqué par les dirigeants juste dans le but de les écarter du groupe et des clubs. En réalité, ce n'est pas pour leur âge avancé qu'ils sont poussés vers la sortie, mais pour le caractère dépensier qu'impose leur présence dans les clubs. Les promesses et les discours flatteurs ne faisant plus effet dans le mental de ces joueurs, les président de clubs n'en veulent plus. Tels des oranges, ils ont été sucés et jeté après.

La supposée politique de rajeunissement donc on parle dans plusieurs championnats, n'est autre qu'un vilain prétexte pour continuer de perpétrer la tradition d'avilissement et d'arnaque. La jeunesse évoquée n'a rien à voir avec l'âge ou le talent. A proprement parler, la jeunesse dans le football, dans certains pays, c'est plus de la mauvaise volonté des dirigeants du football, tout comme les techniciens de s'éterniser dans l'amateurisme. Ce qui revient à dire que le professionnalisme nuit. Il est problématique pour les dirigeants de club. Il est exigent et demande un sérieux et une clarté dans la gestion des fonds et des hommes. Une peine que ne désire se donner aucun dirigeant de football dans nos pays. La coutume, la tradition veut qu'on se fasse de l'argent sur le dos des footeux, tout en brandissant des dépenses fictives, surréalistes et imaginaires afin de consolider sa place au sommet des clubs. Conséquence, le football dans nos pays traine depuis des décennies. Il est de plus en plus amateur dans un monde où le professionnalisme est exigé.

Une jeunesse insouciante abusée au détriment de la maturité et l'expérience

La preuve de la mauvaise foi dans l'expression « jeune joueur », c'est que celle-ci trouve son sens dans une autre expression « moins couteux ». Une démarche abjecte épousée par ces dirigeants de football dont le but est de faire des économies au détriment du joueur, éternel prisonnier de la pauvreté et de la misère. Parce que le jeune joueur dont-on parle ailleurs est présent dans un stade de football pour son impressionnant talent, eu égard à son jeune âge. C'est-à-dire que lorsque à l'occident, on décide de lancer un jeune joueur, c'est parce qu'il a impressionné et continue de le faire au point où il est considéré comme un doué pour sa catégorie.

Lorsque des joueurs comme Samuel Eto'o, Thierry Henry, Lionel Messi, Cristiano Ronaldo, Emmanuel Adebayor ou Rigobert Song etc, ont débuté leur carrière, ils étaient très jeunes ; et ceci grâce à leur talent remarquable et leur maturité sportive. Plus tard on aura Lionel Messi, Neymar Junior, Kylian Mbappé, Leroy Sané, Kevin De Bruyne etc. Ce sont des génies du football. Et lorsqu'ils se retrouvent au haut niveau, ils ont continué de briller. Ils expriment très bien leur talent, sans crainte et de façon constante, un talent toujours en progression. Parce qu'ils ont cette petite étoile qui brille sur leur tête et qui fait d'eux des joueurs hors du commun. La preuve est simple. Tous ces joueurs ont été longtemps en activité et d'autre continuent de briller au haut niveau du football malgré leurs âges avancés.

Les plus jeunes sont encore présents avec des carrières dignes des talentueux et génies qu'ils sont : des carrières riches pour certains et prometteuses pour d'autres. C'est en cela que s'explique la jeunesse dans le football. Ce n'est pas simplement l'âge qui est sujet ici, mais de la capacité à faire des choses d'un autre niveau, d'une autre dimension à un âge censé être celui d'un apprenant ou d'un débutant. C'est-à-dire faire montre d'un certain comportement sportif mature, d'un talent pure et naturel, à un jeune âge, et qu'on pourrait attribuer à ces joueurs de grande expérience, d'un âge mature. C'est avoir des enfants qui se comportent sportivement comme des adultes, capables de prendre des décisions probantes, d'opérer des choix judicieux pour la victoire d'une équipe. Les jeunes talents font des choses incroyables, magnifiques et uniques. Par conséquent, ils sont recrutés par les grands clubs dès leur jeune âge.

Voilà qui montre à suffisance, une fois de plus, que c'est par calculs et intérêts égoïstes que nos dirigeants brandissent le critère âge dans le football. Un critère comme toujours subjectif qui n'apporte pas grand-chose au football africain. Ceci ne voudrait pas dire qu'il n'est pas important. Mais je voudrais juste faire une différenciation entre la jeunesse mise en avant en Afrique et celle mise en avant en occident. En Afrique, le terme jeunesse dans le football signifie faible coût, inconscience, immaturité, irresponsabilité, insouciance, mutisme et peur. Pourtant, en occident la jeunesse suscite de l'admiration en mettant en exergue le caractère ingénieux et mature du joueur au regard de son jeune âge.

Les crises dans la gestion des clubs ou dirais-je dans la gestion des groupes sportifs sont récurent et asphyxient le football. Les calculs sont faits dans tous les sens mais jamais dans celui de la progression. La modernisation du football est un terme qui existe pour les créateurs ou les inventeurs du football. Et le paradoxe dans nos vœux illusoires, c'est que nous voulons remporter les titres et les trophées face à ceux qui mettent du sérieux et qui ont fait du football un métier. Nous reconnaissons que nous n'avons rien à faire avec le professionnalisme mais nous voulons nous frotter, et même piquer ceux qui en ont fait leur affaire. Le footballeur se fait marché dessus, il est piétiné, dénigré, humilié et insulté à longueur de journée. Pourtant c'est à lui que revient le rôle de producteur de finance dans les clubs.

L'argent du football est produit par les footballeurs. Ils sont ceux qui souffrent sur le terrain et qui subissent toutes les pressions et le stress y afférent. Ils jouent gratuitement. Ils prennent des coûts à leurs risques et périls. Aucune assurance ou garantie d'une prise en charge. Aucun suivi et aucun traitement de reconnaissance. Ils sont sous la pluie et sous le soleil. Ils voyagent dans des conditions de précarité réservées aux bagages dans un taxi brousse. Ils sont confinés dans des véhicules de transport à usage moutonnier et sous la menace d'une mise en écart au cas où ils se plaindraient. Aucune revendication n'est acceptable et acceptée. Il leur est recommandé un silence de serpent même face à la mort. Les plus intelligents sont taxés de malins. Les professionnels sont traités de vieux, d'agitateurs et de fouteurs de trouble. Un traitement de minable et des crève-la-faim sans explications qui ruine l'âme du football et des footballeurs.

Cette gestion calamiteuse est insufflée par les fédérations qui n'acceptent pas voir des joueurs revendiquer leur dû. Et les clubs sont de bons élèves de mauvais traitements. Les fédérations africaines gèrent les footballeurs professionnels avec le même amateurisme. Au Cameroun, Samuel Eto'o, Jean II Makoun et quelques autres ont été expulsé de la sélection parce qu'ils avaient revendiqué leurs primes. Au Niger, Moussa Maasou avait été mis à la porte après avoir été taxé de vieux à

26 ans seulement, parce qu'il avait pris sur lui, le droit de revendiquer les primes. Au Togo, Emanuel Adébayor s'en est plaint, en Côte d'Ivoire, les éléphants vainqueurs de la Coupe d'Afrique des Nations 2015 n'ont pas été récompensés après le sacre final. Le ministre des sports concerné avait été limogé. Je peux citer des exemples à n'en point finir mettant en exergue l'amateurisme de notre football.

Sur tous les plans, la motivation du footballeur se confronte à une obstruction. Très diversifiées, les éléments motivationnels sensés booster le mental du joueur sont à des degrés de déstabilisation extrêmes. Les facteurs de motivations ne se limitant pas qu'aux finances que devraient percevoir le joueur, le cadre de travail ou l'environnement est une autre entrave au progrès, à l'expression du talent et à l'épanouissement des joueurs. Tel que je l'ai évoqué plus haut, le matériel d'entrainement, les équipements sportifs sont un opium pour le footballeur. Ils dopent les performances du joueur et le transforme en guerrier, à l'heure de passer à l'épreuve. Malheureusement c'est une aubaine puisque cela reste des théories et théorèmes compris, uniquement, par des clubs professionnels.

Le mauvais état des infrastructures et du matériel des joueurs

L'état des terrains d'entrainements, la qualité du matériel d'entrainements et des matches, la qualité des stades de compétitions, les heures d'entrainements et des matches, la qualité des entrainements et des adversaires, la valeur boursière des rencontres, la retransmission des matches et enfin la présence des supporters, sont un ensemble de facteurs de motivation indispensable pour le joueur. A ces éléments s'ajoutes l'aspect moral qui se traduit par des discours des entraîneurs et des dirigeants auxquels s'ajoutent des traitements de considération et de reconnaissance. Les marques de reconnaissance qui peuvent parfois être symboliques sont un autre élément indispensable, bien que témoigné généralement par des supporters sur le terrain ou en dehors. Cette reconnaissance, preuve de la considération des supporters et du public suffit pour galvaniser et motiver à suffisance les footballeurs, eux qui aspirent à un statut de star. Il est donc indispensables pour les footballeurs de connaître, la présence des supporters dans ce sens qu'ils sont fondamentaux dans la construction de leur statut indéfectibles de star.

Les footballeurs ont besoin d'un traitement digne de leur importance et de leur apport pour qu'ils restent au sein des clubs. La qualité pauvre des championnats est causée par le départ en masse des talents. Les bons joueurs sont attirés par des clubs ou championnats professionnels où ils sont mieux traités et rémunérés. Tous les footballeurs privilégient les clubs qui payent bien, les clubs riches. Puisqu'ils n'en trouvent pas à proximité, ils n'hésitent pas à répondre à l'appel de ces clubs ou d'aller s'essayer dans ces clubs nantis. Le marché libéral du football actuel pose donc de véritables problèmes aux championnats locaux. Il favorise le départ massif des joueurs vers les championnats et clubs fortunés. Ces championnats prestigieux et attractifs du continent qui sont séduisants et convoités par tous ces joueurs.

Tous les pays du Maghreb, le Soudan, le Nigéria, le Ghana, le Congo RD et les pays de l'Afrique Australe sont très affectionnés par les footballeurs de l'Afrique Francophone Noir. Les meilleurs s'y exilent et ne comptent pas revenir jouer dans les championnats locaux, simplement pour les meilleures conditions de vie et de travail qu'ils connaissent dans ces pays. Et par assimilation ceux qui sont restés partiront, en appauvrissant qualitativement, et de plus en plus, les championnats locaux ; tout en continuant d'agrandir le fossé qui existe déjà entre les clubs de ces pays et les leurs. On se retrouve dans une situation triste marquée par l'absence de joueurs de qualité, et ce manque de talents affaiblit les championnats locaux. Ce qui signifie, manque de spectacle attrayant ; d'où le désintéressement affiché par les supporters et les spectateurs.

Le volet grave c'est la rivalité inexistante de ces clubs riches et les autres sur le plan continental. Ils sont les mêmes à se succéder dans les compétitions de la CAF, ils sont toujours plus titrés et plus riches. La preuve tangible que les performances financières conditionnent les performances sportives (les bons résultats, les trophées et les droits TV…). L'argent appelle l'argent et les titres. Le prestige demeurera l'apanage des riches, parce qu'ils ont les moyens de leur politique ; c'est-à-dire la masse financière leurs permettant de s'offrir les meilleurs joueurs qui, une fois réunis, sont plus motivés et mieux préparés pour perpétrer la tradition de la gagne.

Par conséquent ces clubs bénéficient d'un soutien indéfectible des supporters et des spectateurs et téléspectateurs sur le plan local et dans l'international. La présence du Tout-Puissant Mazembe en final de la Coupe des Clubs Champions en 2011, face à l'Inter de Milan était un fait marquant pour tout le continent. C'est un exemple de la sympathie et l'admiration qu'on s'attire lorsqu'on est grand, riche et fort. Si le Club égyptien de Al Ahly est le plus populaire du continent, avec environ 60 millions de supporters officiels, c'est aussi et surtout grâce à son majestueux palmarès. En effet jusqu'en 2017, Al Ahly est le club le plus titré au monde (85 titres) devant le géant d'Espagne : le Réal de Madrid (83). Il totalise 39 titres nationaux, 36 Coupes nationales et 8 ligues des Champions, 1 Coupe des Confédérations, 4 Coupes des Coupes, 6 Super-Coupe de la CAF et 1 Coupe Afro-Asiatique. Cet impressionnant palmarès fait de lui le club le plus riche et le plus titré d'Afrique et par juxtaposition le club le mieux supporter du continent.

Loin de se limiter sur l'aspect financier pour juger la grandeur des championnats ou pour exprimer l'infériorité des championnats locaux, il faut souligner l'absence de politique de formation fiable pouvant permettre d'assurer la relève. Les clubs ne forment pas les joueurs bien que bénéficiant des subventions liées au développement des catégories inférieures. Il n'existe donc pas de groupes de réserves encore moins des catégories juniors ou cadettes au sein desquels ses clubs peuvent s'appuyer pour se renforcer. Pourtant, la mise en place de véritables politiques de formations permettrait de réajuster le niveau des championnats à travers la préparation et l'utilisation de ces joueurs. L'Espagne est un grand vivier du football mondial grâce à la qualité des centres de formations et des équipes jeunes des clubs.

Une formation bien encadrée et ambitieuse permet d'avoir une kyrielle de bons joueurs qui pourrait compenser à des intervalles de temps très réduits les départs précoces ou les exodes massives dont souffre ce football. Le supportérisme souffrirait moins parce que les supporters auront continuellement droit au spectacle et aux résultats satisfaisants.

Le Capital Supporters

Le troisième élément capital pour le développement d'un club de football, c'est le supporter. Ici, comme les footballeurs, le supporter n'est pas considéré comme un actionnaire actif ou direct, pourtant il a un rôle prépondérant à jouer dans la vie d'un club. Il fait partir du capital indirect/direct dont a besoin tout club de football. Si dans des grands clubs européens comme le Réal Madrid, le FC Barcelone ou encore le Bayern de Munich, les supporters sont des propriétaires des clubs, dans la mesure où ils sont des actionnaires par le biais de leur cotisation, ailleurs ils sont importants dans le sens de la clientèle. Ils sont des clients de clubs. Ils y apportent une énergie et un dynamisme indéfectibles pour la motivation des joueurs. Ils sont appelés « douzième homme » dans ce sens.

Les supporter sont essentiels et indispensables pour un club de football. Ils sont les seuls fidèles et ils représentent l'âme du club. Ils sont l'identité même de tout club. C'est-à-dire le symbole de reconnaissance du club. Il est capital qu'il leur soit accordé une véritable place dans ce football moderne ou professionnel dont l'acquisition de tous les soutiens est une nécessité. Parce ceux-ci « ne consacrent pas seulement leur temps à soutenir leur club, ils participent également à la structuration de la société. En tant que citoyens actifs et acteurs à part entière, les supporters devraient être formellement impliqués au sein du mouvement sportif » comme le pense Adroulla Vassiliou, Commissaire Européen en charge de l'éducation, de la culture, du multilinguisme, du sport, des médias et de la jeunesse (2012).

Le FC 105 Edition 1985 au grand complet

Photo 1 : FC 105 du Gabon en 1985, avec un grand nombre de supporters.

Nous l'avions vu plus haut, dans le contexte hispanique et allemand, les clubs de football sont des propriétés collectives. Appelés Socios en Espagne, les supporters participent dans ce pays à la gestion des clubs et leur présence est vivement recommandé et prévue par la législation ; au même titre que la législation allemande. Dans ces deux pays, les supporters conditionnent l'administration des clubs. Ailleurs, certains clubs fonctionnent sur le même modèle et d'autres pas.

Le plus important dans toutes ces grandes nations de football, c'est la valeur accordée aux supporters. Leurs divers investissements sont approuvés et reconnus. Par conséquent, ils se sentent concernés dans la gestion et ils s'impliquent pour le triomphe du club, la victoire étant collective tout comme la défaite.

Alors que tout semble bien se passer pour les clubs professionnels et dans des pays sérieux, le bilan est sombre et catastrophique dans les championnats subsahariens francophones. Nous assistons à la mort ou la disparition regrétable du supportérisme. Les supportes ont abandonné les stades et les clubs. Un constat de plus en plus alarmant dans tous les Etats.

Les supporters comme constructeurs de stars du football

Pourtant, entre 1970 et 2000, les stades de football connaissaient un grand public. Les supporters affluaient les stades, au bénéfice des joueurs et des clubs. Le mérite des joueurs était jugé au juste niveau. Une grande reconnaissance qui continuait même en dehors des stades de football. Les footballeurs étaient des stars ; et grâce aux marques de reconnaissance des supporters, qui ne manquaient pas d'effectuer le déplacement massif dans les stades pour soutenir leurs clubs et les joueurs. Une motivation supplémentaire pour les acteurs du ballon rond qui, à leur tour, ne se réservaient pas dans le but de rendre l'appareil aux supporters. C'est dans cette logique que de grands noms du football se sont fait connaître. Roger Milla (TKC), Manga Onguéné (Canon de Yaoundé), Abéga Théophile (Canon de Yaoundé), Thomas Nkono, joseph Antoine Bell (Union de Douala) au Cameroun ; Golberg Kaboré (EFO), Issouf Traoré (EFO), André Zacharie Lambo (EFO), Manga Bamba (Asfa Yennenga) ou Mevie William (ASFA) au Burkina Faso. En Côte d'Ivoire, l'ASEC d'Abidjan a connu des joueurs tels que Sékou Baba, Aka Kouame, Lucien Kassi Kouadio, Dao Lacina, Abdoulaye Traoré ; et à l'Africa Sport National, il y'avait des noms comme Obou Arsène, Loué Rufin, Bamba Yacouba, Boly Zozo ou encore Gnéto Pkasagnon.

Ces joueurs étaient certes très talentueux mais ils ont eu la reconnaissance du public et ils sont devenus des stars en évoluant au sein des championnats locaux. Certains de ces footballeurs ont été lauréats du ballon d'or africain en évoluant dans leurs championnats locaux respectifs. Les supporters les avaient portés de bout en bout vers le triomphe. Ils avaient été reconnus et encensés au niveau local, avant de s'expatrier pour d'autres cieux pour quelques-uns.

La force du public ou du supporter est inimaginable, presque inestimable. C'est grâce aux supporters que l'on peut voir la transformation de footballeurs en stars. Le supporter fait la star, c'est aussi lui qui fait la force de la star. Les stars sont montées, construites et maintenues au sommet par les supporters ; de même que ces derniers peuvent anéantir la force mentale d'une star du football. L'utilité des supporters dans un club de football est grandiose et indispensable pour celui-ci.

Après son rôle de « douzième homme », il est important de souligner le caractère sympathisant et adhérent du supporter. Il contribue à la constitution du budget du club à travers ses cotisations, l'achat des produits dérivés du club ; sans oublier sa présence constante lors des matchs au cours desquels, il paye à chaque fois un ticket d'entrée. Donc la masse monétaire dégagée de la contribution du supporter peut apporter un souffle nouveau aux finances du club. Dès lors, il peut exercer une pression sur les dirigeants ou les joueurs ; parce qu'il contribue à la vie quotidienne du club. Et c'est bien ce qui se passe au sein des grands clubs européens, américains, latino-américains ou nord-africains.

Photo 2 : l'ASEC Mimosas 1998 attirait une grande foule.

En réalité, le supporter est d'un grand appuie pour les dirigeants, il aiguillonne à la fois le staff technique et les joueurs. Il booste les activités et le moral du club. Il s'indigne lorsque les résultats sont mauvais et il sait féliciter l'excellence, les bons résultats et le spectacle de qualité. Il ne demande que cela : le spectacle, le vrai, animé et de haute facture puisqu'il est généralement celui qui ne gagne rien.

Le supporter et le bénévolat

En effet, le supporter est le seul bénévole, ou, celui qui n'attend rien de matériel provenant de la victoire du club. Ce qui lui importe, ce sont les émotions et les sensations fortes qui émanent de cette victoire ou du sacre final de son équipe. Le supporter est le seul bénévole à la disposition du club. Il est sincère, honnête, pragmatique et fidèle. Bien que exigent de fois ou presque toujours, le supporter est une sorte de caméléon humain. Il change d'attitude selon que le club épouse une forme qui lui semble bonne ou mauvaise : les bons résultats font de lui quelqu'un de bien, de joyeux et les mauvais le transforment en colérique, aigri ou excessif.

Mais un vrai supporter ne déserte pas les rangs. Il n'y a pas de supporters saisonniers, ni de supporters conditionnés. Parce que le supporter, le vrai, soutien son équipe dans les bons et les mauvais moments. Il est l'ami du club, il est présent en temps de paix comme en temps de « guerre ». Là, ce sont les qualités et défauts d'un supporter normal, dans un club normal. Mais qu'en est-il des supporters des pays subsahariens francophones, eux qui sont supporters des clubs malades ?

Le supportérisme africain

De prime à bord, il est difficile de parler de supporters de clubs dans le football en Afrique noirs francophone. Le terme, chargé de sens, comme je viens de le montrer, est très lourd pour désigner ce qui se passe dans ce football aujourd'hui. Il n'y a plus de supporters dans le football de cette Afrique. Il suffit juste de se questionner sur ces rencontres auparavant inédites. Où en est-on avec les derbys ASEC Mimosas – Africa Sport d'Abidjan, de Canon de Yaoundé – Tonnère Kalara Club de Yaoundé, de Olympique de Niamey – Sahel FC, de l'Etoile Filante de Ouagadougou – ASFA Yennenga ? Ces matchs et bien d'autres qui, autrefois remplissaient les stades, atteignent à peine mille personnes de nos jours. Et le reste des matchs de championnats se jouent quasiment sans supporters.

Photo 3 : ASFA Yennenga du Burkina Faso des années 1990-2000.

Lorsque les gens s'indignent du manque du public dans les stades, ce qui est vrai, il faut admettre que les responsabilités sont pluridimensionnelles et partagées. Mais la première explication se trouve dans le fait du changement négatif que connait le football local. Un changement qui trouve son fondement dans le changement des mentalités au sommet des institutions sportives locales. Les personnes en charge du football (capital administratif) sont de plus en plus arrogantes et distantes. Un manque d'humilité dans lequel se trouve mêlée une ingratitude intellectuelle, se traduisant par la mise à l'écart du supporter : symbole de reconnaissance du club. Les dirigeants de clubs refusent, pour la plupart de reconnaître le rôle de critique qui revient au supporter. Ils ont souvent comme explication que ce dernier n'est d'aucun apport direct dans les finances du club, pourtant la première erreur est celle du leader

L'ostracisme, le manque de reconnaissance et de l'importance du supporter est la première explication de leur éloignement déplorable des stades. Ils ne sont pas reconnus, écoutés, encore moins concertés. Ils se sentent marginalisés, alors qu'ils savent le rôle qu'ils sont censés jouer au sein des clubs. Les supporters ne sont pas stupides, ils ne sont pas des malfamés, ni des brigands comme le pensent les dirigeants des clubs. Ils sont des amoureux du football et précisément de celui pratiqué par leurs clubs de cœur.

Photo 4 : un match du Canon de Yaoundé des années 1970-1980.

Il est impensable que l'on puisse se passer des supporters comme semblent le croire les leaders sportifs dans nos Etats. Ils sont les seuls rescapés des crises qui peuvent secouer les clubs. Leur fidélité fait d'eux, de vrais amoureux des équipes ; parce que les dirigeants sont changeables à la tête des clubs et certains s'en vont ailleurs. Mais les supporters continuent d'aimer leurs clubs malgré la douleur ressentie lorsque celui-ci sombre. Par conséquent, il faut de l'estime et de la considération pour ces gens. Il faut qu'ils soient impliqués dans les affaires des clubs, si l'on veut voir une amélioration comportementale des clubs de football dans les Etats. Leur absence dans les terrains traduit le sentiment d'isolement et de frustration qui les habite ; eux qui ne demandent que d'être écoutés, reconnus et traité à juste titre, au regard de l'expression de leur appartenance à l'âme et à l'esprit de l'équipe.

Les supporters sont absents dans les stades parce que leur présence est malvenue. D'ailleurs cette absence est programmée, désirée et conspirée. Selon les premiers de la chaine de capitaux (les administrateurs de clubs), les supporters sont nuisibles, nuisibles et indésirables.

Ensuite, une autre explication est la présence du despotisme, de la corruption et du favoritisme dans les clubs. Les supportes déplorent les méthodes subjectives de recrutements, à la fois des techniciens que des joueurs. Les premiers suscités recrutent avec le même flou que celui, ayant conduit à leur propre recrutement. Les supporters s'en plaignent sans que cela ne change quelque chose, puisque les mêmes techniciens restent et demeurent en poste ou fond la ronde des clubs. Seulement les cris de désagrément que lancent les supporters sont justifiés par la qualité du spectacle que produisent les footballeurs sur le terrain. Sachant que, comme je l'ai dit plus haut, le supporter se déplace pour le stade afin de vivre des émotions et sensations fortes produits par un spectacle de qualité. La victoire et la défaite marquent l'esprit mais les grands matches et les grands joueurs sont inoubliables.

Photo 5 : Tonnerre Kalara Club (TKC) de Yaoundé dans les années 1975.

Les supporters ont besoin de s'identifier à l'image de leurs clubs et des joueurs y évoluant. C'est bien ce qui existait jusqu'à la période relative de 1980-2000. Les clubs étaient d'une grande importance et les dirigeants de cette époque ne lésinaient pas sur les moyens pour recruter les meilleurs joueurs du pays et même à travers le continent. L'exemple de George Wéah est la plus démonstrative aujourd'hui. Il avait été recruté, depuis le Libéria, par les dirigeants du Tonnerre Kalara Club (TKC) de Yaoundé au Cameroun, pour son immense talent. Il contribuera au rayonnement de ce grand club à cette époque avant d'aller décrocher le ballon d'Or en France.

Les supporters se faisaient nombreux et toujours présent lors des matches de football locaux dans les années 1970, 1980 et 1990 comme l'illustrent les photos associées ici. Il y'avait ces joueurs de grand talent, ces joueurs de haut niveau et qui venaient d'horizons diverses tel qu'on voit en Hexagone.

Pourtant l'ère actuelle a totalement éloigné les supporters des stades en laissant les clubs, les footballeurs et le football local à l'abandon, dans la mesure que le constat sur la gestion du football est alarmant. Les néo-dirigeants ont clairement exprimé leur amour pour les finances du football au détriment de sa bonne et meilleure pratique. Les nombreuses crises perpétuelles qui sévissent le football dans les Etats sont la preuve que l'argent est le nerf des querelles, des divisions et par conséquent de la guerre. D'ailleurs, il permet de découvrir les visages masqués et longtemps voilés par un sourire mesquins en son absence. Il est considéré comme la lumière qui dévoile les esprits prédateurs et égoïstes.

Cependant, il ne s'agit pas d'attendre de ces dirigeants qu'ils fassent l'aumône. Non ! Mais de l'investissement. Investir d'abord, c'est gagner ensuite. Parce que les résultats, le bon spectacle et des joueurs de qualités sont des éléments qui attirent les spectateurs et les supporters. C'est tout ce qu'ils demandent puisque l'objet de leur présence dans les stades de football se résume à nourrir leur passion en supportant inconditionnellement leurs clubs.

Un supporter ne quitte pas son club parce que celui-ci perd un match. Non ! Il s'en va parce que les hommes pour remonter la pente, le match suivant, ne sont pas présents. Le vrai supporter vit dans le suspense et avec une ambivalence de sentiments. Il est préparé pour une défaite ou pour une victoire, bien qu'il existe le résultat de parité. Mais l'optimisme, la positivité et la détermination avec lesquels il vient au stade se contaminent et se propagent jusqu'aux vestiaires des joueurs pour préparer une victoire. Cette mobilisation du supporter simule l'esprit de gagne et le mental de « guerrier » du joueur ; et celui-ci est disposé à se livrer corps et âme pour l'équipe. C'est cela qu'on appelle « mouiller le maillot ».

En réalité, les supporters vont au stade pour deux motifs : contribuer à travers chants et cris à la victoire des clubs, mais aussi apprécier, savourer et vivre le spectacle produit par des joueurs de qualité, des talents ou tout simplement les artistes. La présence des supporters est un stimulant pour les sportifs, en les conduisant vers des états de dépassement de soi. Les supporters se nourrissent du spectacle, et les joueurs se nourrissent de leurs chants et cris de motivation ou stigmatisation. Il est donc question d'un échange énergique. Mais la qualité du spectacle conditionne la présence des supporters dans les terrains de football ; quoiqu'une partie de l'intérêt du sport spectacle réside dans l'incertitude du résultat. Le plaisir des supporters dépend de la qualité technique d'un match mais aussi et surtout du suspense sur le résultat. L'enjeu conditionne la qualité du jeu et rend attractif le spectacle sportif.

En l'absence de ce spectacle, les supporters laissent peu à peu place au public et aux fans. Parce que ceux que l'on retrouve aujourd'hui dans les stades de football sont des fans, c'est-à-dire des gens qui viennent supporter un ami, un frère ou un voisin du quartier et non le club. Et ils ne viennent que si cet ami, ce frère, ou ce voisin fait partir des joueurs retenus pour le match : ce sont des supporters circonstanciels. Ils sont supporters de l'équipe d'en face, si l'objet de leur présence reste sur le banc de touche. Ils n'appartiennent pas à une équipe et ne portent aucun intérêt réel pour ces formations footballistiques.

Les supporters sont de plus en plus déçus de la qualité du spectacle médiocre et sans intérêt. Ils ont déserté les stades de football pour les salles de retransmissions de matchs des championnats étrangers, ceux qu'ils jugent spectaculaires, captivants et émouvants. Ils y vont donner de leur argent et de leur temps parce qu'ils y vivent des émotions et sensations fortes, à la mesure de la passion de ce sport. Tout y est pour un moment de plaisir intense, un spectacle riche en couleur, en qualité comme en rythme ; qui transforme l'instant d'un match en un moment de téléportation et d'expatriation spirituelle gratifiante. Un moment jubilatoire qui continue de faire jaser durant des semaines, des mois et même des années.

Les débats autours de grands classiques durent le temps d'une vie. Et c'est ce qui enflamme la passion du football. Les souvenirs qu'on peut avoir d'un club ou d'un joueur font revivre le passé et la gloire connue de cet instant pendant une éternité. C'est le gain du supporter, c'est son salaire : la sensation de la victoire ou d'une défaite inoubliable après un match spectaculaire. Seulement, on n'en trouve plus dans les stades de ce football boiteux et aux épineux dossiers. Certains sont impliqués dans des luttes de positions. Les vrais supporters soutiennent leurs clubs de cœur au regard de l'amour qu'ils portent pour celui-ci.

Les faits dans certains pays et certains clubs montrent un rôle trouble du supporterisme. Alors que les supporters de l'Espérance Sportive de Tunis s'étaient mobilisés en septembre 2017, contre la démission du président de leur club, l'homme d'affaire Hamdi Meddeb, après avoir annoncé son retrait, ceux du Rail Club du Kadiogo (RCK) au Burkina Faso ont plutôt félicité la démission du

Président du club, Amado Traoré, au moment où le RCK se portait bien (doublé Coupe-Championnat en 2016 et champion 2017). Au lieu de s'opposer à cette démission pour préserver les intérêts du club, comme l'avaient fait les espérantistes, puisque ledit président finançait l'équipe en injectant ses propres moyens, les supporters de RCK ont laissé partir le leur, en privilégiant d'autres aspects, plus égoïstes, partisans et ségrégationnistes.

Le cas de certains clubs camerounais est encore plus palpable. La présence des mythiques clubs tels le Canon de Yaoundé, le Tonnere Kalara Club (TKC), Caïman de Douala, Panthère Sportive du Ndé … au bas fond du football local est l'œuvre des querelles internent nourries au quotidien par les supporters. Ils sont conduits par des groupes de personnes aux mœurs peu recommandables ou radicalement contestataires. Mais que ce soit dans un sens ou dans l'autre, la finalité est toujours la même : les luttes intestines engagées.

CHAPITRE 6 : LES LUTTES INTERNES

Les luttes et les débats sont houleux dans ce football continental. On pourrait se dire que c'est une bonne chose que des frères discutent ensemble. Parce que toute construction vient de la concertation collective, le but étant de construire le football. L'essentiel est de faire avancer les choses, de progresser tous ensemble dans une logique constructive et de développement. Le dialogue est souhaité, désiré et même recommandé dans ce cas. On pourrait donc se féliciter de voir des frères débattre autour du football.

Malheureusement, la réalité se trouve quelques fois à une distance infinie de l'idéal et des principes. Et puisque que la réalité est caractéristique de notre existence, nous nous devons toujours d'en parler.

Les débats animent le football dans ces nations, mais ils sont faits sous forme de tension. Les discordes et les querelles infectieuses sont identiques et propre à un environnement mafieux. Les mêmes causes produisent les mêmes effets, disait Descartes ; et cela se vérifie dans le football : la présence d'argent produit les mêmes réactions, les mêmes comportements et attitudes dans le football et dans tous les Etats subsahariens francophones. Les reproches d'un football sans avancée, un football essoufflé et en souffrance sont orientées vers les mêmes personnalités ou organismes. Ceux qui sont en charge de la gestion de ce sport.

Les dirigeants de clubs et les président des fédérations sont pointés du doigt et à juste titre. Dès lors que rien ne change dans le portefeuille du footballeur, nul ne saurait se prévaloir d'une gestion ou d'une administration parfaite. Il faut déplorer ici, cette habitude assertive « beaucoup reste à faire », comme-ci quelque chose de véritable avait déjà été fait, pourtant la régression est d'une gravité dont la sortie reste inespérée, du moins, tant que les mêmes ont pris en otage ce sport.

Les fédérations sont censées donner la ligne directive du football local. Elles sont des instances faitières qui construisent, régulent et organisent le football des Etats. Dès lors que rien n'est fait dans ce sens, on ne peut s'empêcher de dire qu'elles ne servent pas à grand-chose ; ou du moins ceux qui y sont comme dirigeants, les fédérations n'existant que par les hommes qui l'incarnent.

L'état d'un ménage est à l'image des parents : soit le père, soit la mère ou les deux à la fois. Donc le faible niveau du football est la conséquence d'une gestion catastrophique et inconséquente des dirigeants fédéraux et des clubs. La plupart est insoucieuse du bien être des sportifs et du développement intrinsèque de ce sport. La majorité de ces responsables est plus soucieuse de s'assurer une collecte perpétuelle de finances : amasser autant que possible de l'argent pour leur compte et rien de plus. Ils massacrent le football et ils sont les seuls à ne pas le remarquer. La réalité se trouve dans les faits et non dans les principes, les théories ou théorèmes. Parce que la réalité est réelle et les principes parfois illusoires. Et puisque nous vivons dans un monde réel, voyons donc ce qu'il en a été de la réalité sur la gestion de ce football à travers ces quelques exemples.

Cameroun

Entre 2011 et 2018, le Cameroun est passé de normalisation à normalisation, après une élection controversée de M Tombi A Roko Sidiki. Mais bien avant, il convient de rappeler que son prédécesseur Iya Mohammed, ancien président de la Fédération Camerounaise de football a été jeté en prison quelques heures après sa réélection en 2011. Il lui a été reproché, entre-autre, une gestion calamiteuse du football local. Celui-ci n'a pas connu d'amélioration ou d'avancée considérable durant son règne à la tête de l'institution. Malgré les cris de déception de toute une nation, Iya Mohamed n'a pas hésité à se porter candidat à sa propre succession. Les élections qu'il remportera quelques temps après, avant d'être pris au « piège », car le football est un symbole fort d'unité nationale dans ce pays et l'on en tient compte. A rappeler que son prédécesseur avait subi le même sort : la prison.

André Onana avait été arrêté et conduit en prison alors qu'il était le président de la Fédération Camerounaise de Football. Il avait été mêlé dans une affaire de faux billets relatifs à la Coupe du Monde de 1998 en France. Monsieur Onana sera relâché deux ans après son arrestation pour faute de preuves pouvant le condamner. Néanmoins, il avait perdu sa place à la tête de la Fécafoot après élection de Iyah Mohammed.

Après Tombi A Roko, s'est suivi une nième transition avec à la tête l'éminent juriste, Maître Happi, qui a eu un parcours peu glorieux, puisqu'il a aussi été très contesté par la « famille » du football camerounais et il lui a été reproché de ne pas avoir suffisamment fait le travail de toilettage des statuts de la fecafoot pour lequel il avait été mis à ce niveau de l'institution. Sa sortie a laissé place à l'élection de Seidou Mbombo Njoya, qui lui-même sera sanctionné par le Tribunal Arbitral du Sport (TAS) trois ans plus tard. L'élection de Celui qui siège comme quatrième Vice-Président de la CAF a été annulée pour violation des statuts relatif à l'adoption des statuts, du code électoral et textes réglementaires de l'institution. Elu en novembre 2018, Mbombo sera lui aussi sommé de quitter la faîtière en janvier 2021, à la veille du démarrage du Championnat Africain des Nations dont abritait son pays. Il y restera tout de même, sous haute tension avec le camp d'en face constitué majoritairement des présidents des clubs de football amateurs.

Il dirigera tout de même l'instance du football local camerounais, jusqu'à l'élection de la légende du football mondial, Samuel Eto'o Fils, dont il était le challenger, le 11 janvier 2021, toujours sous forme de tensions et querelles et de guéguerres.

Mais avec l'élection de Monsieur Samuel Eto'o Fils, une lueur d'espoir pèse sur le football camerounais. Les procès ont cessé, les querelles et les bagarres ont considérablement cessées, tant l'ancien capitaine des Lions Indomptables, premier ancien football à présider une fédération de football en Afrique, a su jouer la carte de l'apaisement, du rassemblement, d'union, endossée sur l'assise financière convaincante et son patriotisme. Tous ces éléments et bien d'autres lui confèrent une crédibilité indubitable aux yeux du peuple et de toutes les strates sociales, sauf pour des personnes qui lui témoignent une certaine inimitié qui peine toujours à trouver des explications dans le mental collectif des amoureux de ce sport et des patriotes camerounais comme lui.

Les luttes intestines ont pris fin, du moins se sont tassées depuis l'élection de l'ancien barcelonais à la tête du football camerounais. Il règne une certaine sérénité dans le football camerounais, parce que la crise de confiance a laissé place à l'assurance d'une gestion exemplaire et un développement véritable du football dans ce pays. Alors que les précédentes luttes à la tête de la Fédération Camerounaise de football conduisaient à l'arrêt des championnats, du fait des boycottes (grèves) des présidents de clubs qui réclamaient véhément les différentes subventions, au détriment des véritables acteurs du métier que sont les sportifs. Ces derniers ont sans cesse été privés de pratiquer leur métier. Pourtant ils s'entrainaient au quotidien dans l'espoir de progresser. Mais comment est-ce possible de penser à une progression sans compétition ?

Le Benin

Entre 2010 et 2017, le Bénin a traversé un des pires moments de son football. Et à l'origine, une fois encore, un problème de gestion et une lutte de positionnement ou de succession, manifeste d'un égoïsme porté sur les intérêts. Il avait été reproché au président de l'exécutif en place en 2011 de faire montre d'un manque d'intérêt pour le développement du football béninois. Une crise est née de cette situation, conduisant à l'arrêt du championnat en 2011 ; parce que 18 des 22 clubs avaient boycotté le championnat. Les protagonistes revendiquaient une meilleure gestion des finances allouées à la fédération par les instances supérieures : la CAF et la FIFA. La fédération était dirigée par Monsieur Anjorin Moucharafou.

Malgré toutes les tentatives de résolution de la crise, aucun consensus n'avait été trouvé. Au contraire, tout laissait croire que les médiations et autres concertations aggravaient la situation. Les autorités politiques s'étaient résolues à dissoudre la fédération en retirant son agrément. Ce qui n'avait finalement pas été fait.

Mais la crise a perduré, se transformant en une gangrène nocive pour le football et fratricide. Le pays en a souffert ; puisque des sanctions s'en sont suivies par la FIFA. Aucun camp n'avait été capable de se plier et de faire des concessions. La lutte de succession avait pris le dessus sur l'intérêt supérieur du peuple béninois et des acteurs principaux que sont les footballeurs. Ils ont été privés de championnat entre 2014 et 2016. Une fois de plus, les sportifs avaient été lésés au profit des dirigeants imbus d'eux-mêmes et avides de pouvoir ou d'argent. Il a fallu attendre 2017 pour assister à la reprise des championnats et après tant de négociations, de pourparlers et de concertations ayant mobilisés une pléiade de médiateurs. Du milieu du football avec Samuel Eto'o Fils jusqu'au sommet de l'Etat avec l'intervention personnel du Président de la république du Bénin, Patrice Talon, la complexité de la crise avait démontré l'impuissance du ministre de sports, le premier ministre et l'ensemble des personnalités des institutions sportives et politiques du pays.

Dans ce cas béninois, la même observation est évidente : les footballeurs ne comptent en rien dans la gestion du football.

Togo

Voisin très proche du Bénin, le Togo avait réservé un sort carcéral au président de la fédération Gabriel Ameyi en décembre 2014. Les togolais ont gardé en mémoire l'image d'un président n'ayant rien apporté au football togolais. Durant son règne, le football a souffert, les clubs et les footballeurs en particulier. La subvention annuelle accordée aux clubs qui s'élevait à dix millions de francs cfa, n'était versée que de moitié.

Les clubs percevaient 5 millions de F cfa lors de la phase aller et ils devaient se débrouiller pour boucler la saison. Les salaires des joueurs n'étaient pas payés, le championnat mal organisé et une corruption flagrante dont le but était de favoriser certains clubs au détriment de bien d'autres. La situation de la sélection nationale était un autre point noir qui ne finissait pas d'entacher la gestion du football togolais. Les éperviers du Togo évoluaient dans un stade mal entretenu avec une pelouse aux allures de champ labouré.

Les joueurs étaient parfois contraints de se rendre au terrain d'entrainement en véhicules personnels ou en motos, au départ de l'hôtel pour incapacité de la Fédération Togolaise de Football (FTF) à régler des factures du mécanicien du bus de la sélection, à hauteur de cinq cent mille F cfa. Malgré toutes ces incongruités et les plaintes, Monsieur Ameyi s'est accroché à la tête de la FTF jusqu'à son arrestation à l'aéroport de Lomé en décembre 2014, en provenance de la Guinée Equatoriale, où il venait de participer au tirage au sort des Poules de la Coupe d'Afrique des Nations 2015.

Puis s'en est suivi la normalisation et plus d'une année sans championnat de football sur le territoire. Les footballeurs ont été privés de deux saisons de la pratique de leur métier. Les togolais en ont soufferts, puisque c'est un pays où le peuple est passionné par le ballon rond.

L'élection du Colonel Kossi Akpovi en fevrier 2016 est venue mettre fin à cette longue période de disette et d'incertitude qui planait sur le football togolais. Bien qu'il y'ait eu des améliorations avec l'arrivée de Monsieur Akpovi, le football dans ce pays a encore fait des malheureux entre 2019 et 2020, où le pays n'a pu poursuivre sa belle lancée dans la promotion du football avec la crise sanitaire COVID19. La pratique du football a été proscrite sur l'étendue du territoire durant près de deux années, malgré une nette amélioration de la gestion de la pandémie. Les footballeurs ont payé le lourd tribut d'une situation énigmatique, puisque leurs pairs d'autres pays avaient déjà repris l'activité dans les mêmes circonstances. Mais au Togo, tout avait repris après les restrictions et autres mesures liés à cette pandémie, sauf le football, qui aurait aussi pu se pratiquer sans public, comme cela était fait dans d'autres pays, afin d'éviter ou limiter les rassemblements, les mobilisations de masses susceptibles d'accroitre les contaminations.

Certainement, l'urgence sanitaire était très sérieuse, de manière à imposer une certaine délicatesse dans la gestion des activités et des populations, mais à un moment, il a plus été question de sacrifier une activité et l'ensemble de ses pratiquants, qu'une mesure sécuritaire nationale. Les footballeurs se sont faits d'autres raisons de vivre, certains sous la forme de reconversion circonstancielle et pour d'autre une reconversion précoce, en se mettant au commerce, à la coiffure, le transport motocycliste « Zedman », la pêche artisanale, bref à la débrouillardise. Ils étaient à la solde de toutes formes de difficultés financières, nutritionnelles et d'habitats incommensurables. La résilience les a amenés à se prendre en main pour survivre dans un pays où, même en tant de paix, les footballeurs perçoivent en moyenne trente mille francs CFA de salaire mensuel. Il faut encore espérer que celui-ci soit régulier.

Mali

Comme tous les autres pays, le Mali n'a pas échappé à la crise du football qui ruine l'âme du football de ces pays. Des guerres de succession comme dans les autres cas n'ont cessé de ternir l'image d'un football à la traine. Des tensions inexplicables et parfois difficiles à appréhender. Depuis 2013, les dirigeants du football malien se sont retrouvés dans une lutte acharnée et dont toutes les tentatives de résolutions ont été sanctionnées d'échecs. Les personnes impliquées, pourtant amies au départ, ont été conduites par certaines d'entre elles dans une déchirure relationnelle honteuse, empêchant le déroulement des championnats et la pratique du football au Mali durant de nombreuses années.

Dans un point de presse, le Ministre des Sports malien de l'époque, Housséini Amion Guindo exprimait son ras-le-bol et sa désolation face à une situation de blocus, où aucune des personnes en conflit ne souhaitait en sortir. « Le constat est qu'après avoir mis en contribution l'Assemblée Nationale, la Société Civile, la Cafo, les religieux, le Cnoms, le Président Dioncounda Traoré ; Après que le chef de l'Etat ait appelé les protagonistes à arrêter leurs querelles et regarder l'avenir des enfants (les footballeurs), pour pouvoir trouver une solution, la situation ne fait que s'aggraver ».

Le problème, une fois encore, était celui des luttes égoïstes de groupuscules, qui voulaient accaparer la gestion du football malien, dans le but de s'approprier les sommes d'argent gigantesques qui y entrent. La menace planait, là aussi sur la survie du sport à proprement parlé, et donc les véritables acteurs se trouvent être les footballeurs. Les innocents ont dû payer le prix de la trahison de leurs dirigeants mécréants et méchants. La raison et toute logique pouvant permettre d'aboutir à une issue de sortie de crise heureuse, ont été détournées par une élite malsaine, aux intérêts prédateurs et cruels de la chose footballistique.

Malgré les sentences des instances juridiques ou encore les dispositions prises par le gouvernement jusqu'au sommet de l'Etat, aucun des protagonistes n'a été soucieux de l'impact ou des conséquences que pouvaient engendrer cette situation.

Une guerre d'égos nourrie par trois principales personnes dont les opposants et le Président de la Fédération Boubacar Baba Diarra. Ce dernier avait été trahi, à tort ou à raison, par ses amis et alliés d'hier, l'accusant de malversations financières, de mauvaise gestion et détournements. Une crise redoutable ayant conduit aux reports des compétitions locales, après avoir provoqué l'asphyxie du championnat, boycotté par le clan des plaignants, conduit des bras de fer par l'ancien directeur de la commission des finances de la Fédération Malienne de Football (Femafoot) de l'époque, Yéli Sissoko et son fidèle allié Bassalifou Sylla.

Les footballeurs locaux maliens ont été privés de compétitions nationales et même internationales ; puisque la paralysie engendrée par cette crise a été telle que, des mesures d'austérité recommandée n'avaient pour seules victimes que les joueurs. Ils ont passé de longs mois sans compétitionner et par conséquent sans véritable vie ; alors que les patrons du football local étaient dans des luttes intestines pour le positionnement et les intérêts personnels juteux. La perte a été une fois encore dans le camp des innocents qui n'ont jamais eu leur mot à dire dans les affaires du football, dont ils sont pourtant acteur de premier plan. Ils sont innocents, perdants et traités avec un avilissement notoire, les éloignant de tout débat pouvant aboutir à une issue favorable à la cessation des querelles. Ils sont inexistants pour les maîtres destructeurs, d'une méchanceté frisant la sorcellerie.

La Côte d'Ivoire

Le football au pays des « Eléphants » n'y a pas échappé. De nombreuses crises ont sévi dans le football de ce pays. Celles-ci ont contribué à diviser radicalement les hommes du mouvement footballistique. Une franche des acteurs du football a reproché au président de la Fédération Augustin Sidy Diallo, son incompétence, une gestion calamiteuse et sulfureuse du football ivoirien. Ses méthodes managériales lui ont été reprochées. Ses contestataires dénonçaient sa mégalomanie et son arrogante. Ils estimaient qu'il ne communiquait pas sur sa gestion plutôt opaque, et encore moins sur le fonctionnement de la FIF, comme le faisait son prédécesseur Jacques Anouma.

Après des résultats jugés mauvais à la Coupe d'Afrique des Nations de 2017 au Gabon, le mouvement du football ivoirien a ensuite mal digéré l'élimination de son équipe nationale pour la Coupe du Monde 2018 en Russie. Une déception indigeste et révoltante qui a conduit l'ensemble des acteurs à se questionner sur le rôle du président Diallo dans l'émergence du football ivoirien.

Certains se sont sentis trahis par l'ancien président de l'Africa Sport qui aurait décidé de ne pas conserver Hervé Renard à la tête de la sélection ivoirienne après le sacre continental de 2015 en Guinée Equatoriale. Diverses raisons ont été avancées faisant état de ce que le technicien français ne souhaite pas que l'on interfère dans son travail ; quand l'on sait que les équipes nationales sont dirigées par les membres de la fédération qui n'hésitent pas à se positionner en faveur d'un joueur. Pour les ivoiriens, Sidy Diallo a été le seul responsable de la débâcle des Eléphants de Côte d'Ivoire lors de l'édition de la CAN suivante (2017) au Gabon et à l'élimination à domicile pour le mondial de Russie en 2018, au bénéfice de son adversaire de ce jour : le Maroc avec aux commandes Hervé Renard. Raison de plus pour exiger le départ du président de la fédération à qui, l'on impute aussi une gestion opaque des finances.

Cette situation divise le mouvement du football ivoirien. Entre décembre et janvier 2018, plusieurs présidents de clubs ont signé une pétition exigeant la démission du Président fédérale qui, à son tour, s'est trouvé des alliés acquis à sa cause afin de s'accrocher à son siège. Des anciens footballeurs sont entrés dans la danse en prenant position contre Syril Diallo. Des querelles lui opposant à Bonaventure Kalou, ayant conduit à l'éviction de ce dernier de son poste de Consultant à la Chaîne de télévision nationale RTI ont laissé entrevoir, au grand jour, une crise longtemps ruminée. L'ancien footballeur ivoirien avait vivement critiqué la gestion du football ivoirien tel que conduite par le Président de la fédération.

Une autre crise qui témoigne du mal-être du football continental. Malgré les recommandations de la FIFA en mars 2018, l'on n'envisage pas toujours une issue favorable à la bonne marche du football dans ce pays.

Autres cas

La fédération guinéenne de football a été placée sous la direction d'un comité de normalisation en 2016 suite à une crise interne. Des disputes et querelles farouches ayant conduit à une cessation temporaire des activités du football dans le pays. Les championnats ont été arrêtés parce que des clans n'arrivaient pas à s'asseoir ensemble pour parler. Malgré là encore, de multiples missions de médiation effectuées par les instances supérieures du football, aucun consensus n'avait été trouvé. Des personnes visiblement déterminées à pourrir le football guinéen. La situation a donc conduit à l'application de l'article 8, alinéa 2 des statuts de l'instance mondiale de football : la mise sous normalisation de la fédération.

Le président de la Fédération de cette période, Salifou Camara (Super V) ayant été pointé du doigt par ses paires pour une gestion controversée du football local. Mais celui-ci avait sans cesse dénoncé des accusations mensongères et diffamatoires malgré des mandats d'arrêts émis contre lui par la Police judiciaire en novembre 2017 et mars 2018 pendant son exil. La police lui reproche clairement sa gestion calamiteuse des fonds alloués au football dans ce pays pendant son mandat.

Le Sénégal connait lui aussi sa part de querelles. Les anciens footballeurs, conduits par El Hadj Diouf ne supportant plus avoir à la tête de la fédération le président du moment, M. Augustin Senghor. Selon les observateurs et les acteurs du football sénégalais, ce sport dans ce pays ne connait aucune avancée depuis des décennies. Les championnats tardent à se professionnaliser, les sélections nationales incapables de résultats satisfaisants. Mais une médiocrité sans cesse croissante qui se traduit par des prestations alambiquées et de piètres performances sur tous les fronts. La famille du football sénégalais est autant divisée que dans les autres pays du continent. Malgré toutes ces limites suscitées, le président de la fédération a tout de même brigué un autre mandat à la tête de la fédération Sénégalaise de football en 2017. Seulement, il parait opportun de souligner que les querelles ne sont pas finies dans ce pays et qu'une débâcle de la sélection à la Coupe du Monde de Russie 2018 serait catastrophique pour le football sénégalais qui, certainement pourra sombrer dans une autre crise.

CHAPITRE 7 : LES MEDIAS ET LES HOMMES DE MEDIAS

Le football connait une croissance économique dans les pays les plus structurés et mieux organisés grâce aux médias et leurs employés. On ne saurait donc envisager le développement de celui-ci en Afrique francophone sans les médias. Les chaînes de télévision, de radio, la presse écrite ou cybernétique sont des éléments qui boostent à la fois les finances des clubs mais aussi celui même des acteurs. Les footballeurs sont des célébrités et il est important qu'ils se sentent suivis pour ce qu'ils font. Par conséquent, l'on doit pouvoir compter sur le professionnalisme des médias et de ceux qui les animent.

La difficulté liée aux médias dans le développement du football

Dans le premier cas, les clubs bénéficient des médias, les droits audiovisuels ou encore les droits TV. C'est une manne financière importante qui enrichit principalement les clubs et les Ligues au fil des années. Les clubs européens enregistrent des sommes monumentales, toujours en nette progression, chaque fin de championnats grâce aux droits TV (conf. Tab.3). D'ailleurs il faut remarquer que les principales revenues des clubs dans les championnats anglais, français, espagnol ou allemand proviennent des droits TV. Plus de la moitié des gains des clubs est issue des retransmissions des matches, auxquelles s'ajoutent naturellement le sponsoring, la publicité, la billetterie, les produits dérivés et enfin les subventions.

Tableau 3. Montant des droits audiovisuels dans le Top 5 européen en M€

Pays	Domestique		étrangers	
	2014-2015	2015-2016	2015-2016	2016-2017
France	607	750	32,5	80
Angleterre	1298	2330	850	1200
Espagne	625	883	236	636
Allemagne	641	835	45	162
Italie	857	960	117	117

Source : A partir des rapports DNCG, Bundesliga Report, Calcio Report, Liga Report

En effet, dans le football professionnel, l'organisation stratégique et systématique des clubs donne accès à une gamme d'éléments générateurs de fond. Pour ceux-ci, « les sources de revenus sont dans l'ordre : les droits TV; les sponsors qui doivent avoir un produit inattaquable et de bonne facture ; les spectateurs. Ici, on distingue deux types de spectateurs : les fidèles (supporters, ultras, clubs amateurs) qui sont gérés par le président pour qu'ils viennent et participent à la bonne ambiance des matchs et les autres qui consomment ce spectacle plutôt qu'un autre ». (François Meyssonnier et Myriam Mincheneau 2017). Les médias sont donc au centre de la prospérité et de l'économie du football professionnel. (Conf. Tab.4)

Tableau 4 : Répartition du chiffre d'affaires en % et Total chiffre d'affaires en Mds € des pays Européens.

Saison 2013-2014					
Pays	Droits TV	Sponsors	Billetterie	Autres (transferts)	Total CA d'affaire en Mds €
France	49%	16%	11%	24%	1.3
Angleterre	45%	30%	21%	4%	3.2
Espagne	43%	20%	32%	5%	2.2
Allemagne	29%	26%	20%	25%	2.5
Italie	59%	10%	21%	10%	2.3

Source : Rapport DNCG, Bundesliga Report, Calcio Report, Liga Report, Guardian Review

La présence des médias dans le football, et surtout de la télévision permet aux clubs de se faire des partenaires, des sponsors, des mécènes et des supporters à distances. Les entreprises sont à la quête du marché et de la notoriété ; alors que les clubs de football sont comme des mûrs auxquels l'on peut exposer les marques ou même les produits, ceci grâce à l'existence des supporters, des spectateurs et téléspectateurs.

Malheureusement, le football dans nos Etats est à peine diffusé par les chaînes de télévision. Quelques rares matches de championnats sont retransmis de temps à autre durant la saison ; mais c'est encore loin du seuil de satisfaction. Il faut une vaste diffusion des championnats locaux pour espérer permettre aux clubs de bénéficier des droits TV ou encore de profiter de l'appui des annonceurs pour la publicité comme dans les championnats plus huppés du continent. (Conf. Tab.5 à noter le gros retard de la Côte d'Ivoire qui essaie de suivre le rythme). C'est aussi important pour les Fédérations et les Ligues qui pourront enregistrer de nouveaux sponsors. Les joueurs se feront connaître. Les meilleurs d'entre eux gagneront en popularité et en célébrité. Ils seront suivis ou supervisés même à distances comme dans les grands championnats. Et il leur serait possible aussi de jouir des droits à l'image afin d'arrondir les fins de mois.

Tableau 5 : Quelques pays qui perçoivent les droits TV.

PAYS	Droit TV global en M €	Période	Matches/ jnée	Groupes TV
Afrique du Sud	136	2013-2108	7	**Supersport**
Algérie	3.89	2016-2017	6	**EPTV**
Côté d'Ivoire*	0.15 Non-défini	2015-2018 2018-2023	Non-défini Non-défini	**RTI** **Canal Plus**
Egypte	18.1	2018-2023	6	**Présentation**
Ghana	14.5	201-2026	Non-défini	**StarTimes**
Maroc	16.23	2015-2020	4	**BeIN Sport**
Nigéria	27.6	2015-2019	4	**Supersport**
Tunisie	1.5	2016-2019	4	**Wataniya1**
Cameroun	Non-défini	Non-défini	Non-défini	**CRTV**

Que ce soit le Sénégal, le Togo, le Cameroun, le Burkina Faso, la Côte d'Ivoire ou encore le Benin, il y'a un manque désolant de sponsors pour les ligues et les Fédérations. Le Sénégal n'a qu'un seul sponsor véritable en 2017 : Orange. Une société qui déverse un peu plus de trois cent millions de francs cfa à la fédération pour les différents clubs. Une somme dérisoire au vu des charges de la ligue. Mais importante pour l'opérateur téléphonique qui se jette, la tête baissée dans le football local.

Le Cameroun a eu de la peine à démarrer ses championnats (Elite 1 et 2) en 2018, faute de finances. On peut féliciter l'amélioration observée depuis l'arrivée à la tête de la fédération de Samuel Eto'on avec l'arrivée des sponsors tels que Tiof et 1XBET, après le retour du sponsor traditionnel MTN Cameroun. Ce dernier qui avait renoncé à accompagner la fécafoot qui ne parvenait pas, à travers la Ligue de Football Professionnelle du Cameroun (LFPC) à organiser suffisamment tous les championnats, en plus de l'indisponibilité des finances empêchant le lancement des championnats à temps ou conduisant à de nombreux arrêt. Le Bénin en souffre lui aussi. Son partenariat avec Nassuba n'est véritablement pas bénéfique économiquement. On peut aussi souligner le paradoxe des subventions dans le football au Burkina Faso. Le manque de sponsors et partenaires de la Fédération de football dans ce pays est tout aussi inquiétant, bien que les principaux responsables ne donnent pas l'impression de s'en inquiéter. Pourtant même les partenariats existant comme ceux avec la Loterie Nationale (Lonab), les sociétés de téléphonie Onatel et Telecel n'ont rien de productif, dans la mesure où les financements octroyés aux clubs ne sont pas conséquents, ou n'ont pas changé malgré les promesses de campagne électoral du Président de la Fédération actuel Lazare Bansse.

Que l'on enregistre ou pas l'accompagnement et le sponsoring, la faute n'est pas celle des entreprises, car elles font, avant tout du business. Donc elles sont à la recherche du profit. Par conséquent, elles sont intéressées seulement par des affaires centrées dans un échange du donner et du recevoir. Elles doivent donner avec une garantie d'un retour sur investissement. Mais est-il envisageable qu'une entreprise injecte son argent dans le football sans perspectives de visibilité de sa marque ? Non ! Et ladite visibilité passe par une large couverture médiatique des championnats. Hors, en l'état actuel des choses, rien ne saurait motiver les entreprises à se lancer véritablement dans des dépenses somptueuses sans être rassurées sur de possibles retours sur investissement.

Par ailleurs les chaînes de télévision qui diffusent quelques fois les matches de championnats ont un autre problème : la mauvaise qualité d'images. Pas besoin d'être un expert de l'imagerie visuelle pour déplorer ce grand manque et ces limites honteuse à l'ère du numérique. Les images de ces chaînes de télévision sont de qualité approximative, bien qu'il ressorte que certaines sont passées en mode Haute Définition (HD). Les images sont sombres ou floues, incapables de laisser filtrer les noms des marques ou encore des symboles de ces marques ou des entreprises. Par conséquent, l'on se retrouve dans les mêmes situations que celles où les matches ne sont pas diffusés, parce que les marques ne sont pas visibles, encore moins exposées de manière à toucher un grand public.

Cette mauvaise qualité d'image est aussi l'une des raisons qui contraignent le public à s'intéresser aux chaînes de télévision hexagonales où tout est parfait.

Cette situation impacte sur le développement du football puisque les annonceurs s'en vont au même titre que les téléspectateurs. Les chaînes locales perdent donc les annonceurs et les mécènes au profit de ces chaînes occidentales prisées. La conséquence logique, c'est qu'il n'y a pas de droit TV, pas d'argent à donner aux clubs, bien que les matches aient été diffusés partiellement à la télévision.

Non seulement les téléspectateurs sont à la quête du spectacle, mais ils ne lésinent pas sur les moyens de s'approprier les images dudit spectacle. Mais, ici, le spectacle est peu captivant, ensuite les images limitées ne sont d'aucun intérêt pour eux, et d'aucun bénéfique pour les clubs et les Ligues. Les chaînes de télévisions locales perdent en notoriété et les clubs de football en finances. Alors que dans les grands championnats, les droits TV se distribuent à coup de milliards de francs cfa, dans les championnats subsahariens, il n'en est rien. Pas un centime pourtant les charges des clubs sont de plus en plus colossales, vu la nécessité de se développer, afin de rivaliser avec les équipes d'autres pays du continent qui ont pris une avance considérables depuis des décennies.

Les hommes de médias : journalistes sportifs, chroniqueurs sportifs et consultants.

Les journalistes, les chroniqueurs et Consultants sportifs sont indispensables pour le football moderne. Ils facilitent la compréhension de la chose footballistique, tout en renseignant ou en informant le public sur l'évolution des compétitions. Ils animent des émissions au cours desquelles des sujets liés au football sont traités et mis à nu. Ils sont présents sur tous les fronts à caractère footballistique afin de servir au public et autres observateurs de bonnes informations, de bons débats et de meilleures analyses. Il s'agit là du journaliste, chroniqueur et consultant idéals bien que le parfait soit d'un autre monde.

Malheureusement, les hommes de médias sont aussi partisans du mercenariat, au même titre que les dirigeants du football. Les querelles évoquées plus haut sont alimentées par ceux-ci. Les prises de position à l'endroit ou à l'encontre d'un dirigeant ou d'un autre, d'un clan ou d'un autre sont en fonction de la qualité de rapports entretenus avec les protagonistes. Chacun lutte pour ses intérêts et bien souvent, le public est induit en erreur, menti ou trompé. La vérité est celle du clan pour lequel l'on a des affinités et jamais où elle devrait se trouver. Les journalistes se déchirent pour leurs propres intérêts et jamais pour la juste cause qui est celle du développement du football et celui du bon traitement des footballeurs.

Ils sont aussi impliqués dans des luttes de positionnement ou de leadership. Ils sont plus intéressés par les activités autours des sélections nationales que par les championnats locaux. Des combats rugueux et des coup-bas sont manœuvrés pour l'obtention des missions et des voyages pour couvrir les matches internationaux. Ce qui implique que chacun s'agrippe soit sur un dirigeant, plutôt que sur un autre, soit sur un groupuscule, un clan qui est aux affaires ou y aspire encore.

L'autre aspect de leur indifférence à l'endroit du football local a trait à leurs émissions. Celles-ci sont orientées en faveur des intérêts personnels à prévaloir. Lorsque les journalistes font des émissions sur le football, c'est généralement sur les dirigeants de Fédérations et des clubs ou sur les footballeurs professionnels, évoluant ailleurs, dans des championnats étrangers où ils sont choyés et accumulent d'énormes richesses. Cependant, ils oublient le caractère ambivalent qu'ont ces émissions sur le mental des footballeurs locaux : l'admiration et/ou la frustration.

Effectivement ces émissions créées un effet double : pendant que le fait de voir un footballeur professionnel dans son empire luxueux engendre chez certains joueurs de l'admiration et de la motivation, il produit chez d'autres de la frustration et du découragement. La vulnérabilité des footballeurs locaux est un fait indubitable mais minimisé par tous. Ils sont marginalisés ou même méprisés au bénéfice des footballeurs professionnels, pourtant ces derniers sont passés par ce même stade amateur et sans intérêt. D'où vient cet intérêt soudain après quelques mois d'exile prospère?

En outre, il arrive que les hommes de médias se retrouvent mêlés dans des guerres de positions et des querelles de succession au détriment des intérêts supérieurs du football local. Ils se confrontent ouvertement en prenant position pour un candidat ou pour un camp, même-ci la raison se trouve ailleurs. Un détournement des faits et des appréciations qui contribue à ternir l'image du football ; parce que les seuls perdant de telles positions sont les joueurs. Le Cameroun l'a suffisamment démontré entre 2016 et 2017 avec l'affaire de légitimité ou pas de l'ex-président de la Fédération Tombi A Roko, ou du maintien de son successeur Mbombo Njoya. Où était la raison dans les prises de positions extrême des uns et des autres puisque ce président avait finalement été révoqué pour un comité de normalisation, dans le premier cas et battu à plate couture pour le second ?

Cette triste réalité des faits nous indique à chaque fois l'orientation que donnent les personnes impliquées dans la gestion ou flirtant avec ce football. Ces personnes n'aiment pas ce football sinon on ne prendrait pas position pour un oui ou pour un non, ou pour quelques billets de banque.

On éclaire sa pensée de la raison et du bon sens. Malheureusement le football local ne connait pas de principes de morale ou d'éthique. Il est identitaire aux mœurs et s'inspire de l'esprit social typiquement ingrat et intéressé, qui se laisse guider par des sentiments d'oppression et de domination sauvage et barbare. Et lorsque les journalistes, les chroniqueurs sportifs ou même des consultants se retrouvent dans la place publique avec des élans de manipulations de la raison, le football se retrouve de plus en plus embrigadé et les footballeurs piétinés, malmenés et embastillés dans des systèmes qui brillent plus, pour une mauvaise gestion et des détournements que par sa construction d'un football riche et enrichissant, bénéfique pour tous.

Les émissions et les débats autour du football sont plus centrés sur les querelles des clans qui se bagarrent au détriment des discussions constructives pouvant permettre l'amélioration des conditions des footballeurs. Il est très courant qu'on assiste à des campagnes de déstabilisation et de distraction afin de détourner le public des réels problèmes sur le football.

Lorsqu'un débat avait été animé par certains journalistes au Niger en 2015, sur l'âge de l'international footballeur Moussa Maasou, le qualifiant de vieux (26 ans lors des faits) tel que je l'ai dit plus haut, c'est parce que ces journalistes refusaient de parler du vrai problème du football Nigérien en ce moment là. Le problème n'était pas Maasou, encore moins son âge, mais celui de sa non-convocation qui puisait ses sources dans des revendications faites par ce joueur. Mais il avait fallu juste quelques semaines pour revivre la situation décriée par l'attaquant du Meuna, puisque les joueurs se sont plaints une fois de plus sur le traitement qui leur avait été réservé après deux matchs disputés (face au Gabon en amical et la Namibie en tour préliminaire de la CAN 2017). Ils ne recevront finalement que le tiers de la prime prévu après deux matches âprement gagnés (2-0 face au Gabon et 1-0 face à la Namibie).

Une fois encore des journalistes se sont offusqués et indignés, non pas du traitement réservé aux joueurs, mais du fait que certains aient évoqué le problème sur la place publique, principalement sur RFI (Radio France Internationale). Ils ont condamné les joueurs parce qu'ils estiment que ces derniers avait terni l'image du Niger en se plaignant de la sorte. Pourtant le problème, une fois encore n'est pas au niveau des joueurs. Ils n'ont été aucunement à la source du malaise. Les responsables sont blanchis et les footballeurs incriminés pour avoir revendiqués leurs droits.

Cet exemple parmi bien d'autres à travers le continent est la preuve que les hommes de médias ont choisi eux aussi leurs camps, c'est celui de la longévité et de la gratification assurée. Celui qui gagne toujours dans la mesure où les joueurs sont changés ou non convoqué selon qu'ils sont souvent impliqués dans des prises de positions formalistes et légalistes. Cela donne l'opportunité d'évoqué le cas de Samuel Eto'o Fils et de certains de ses amis qui avaient été suspendus de la sélection des Lions Indomptables du Cameroun en 2012, pour avoir revendiqué des primes de matches devant être versées à toute l'équipe. Là encore, des journalistes se sont dressés contre Samuel Eto'o, estimant qu'il en voulait trop. Donc sa mise à l'écart, ainsi que celle de ses acolytes était la bienvenue et servait de leçon à tous les autres, tout en oubliant que l'ex capitaine des Lions Indomptables du Cameroun et les autres plaignants étaient dans leur droit.

Mais est-ce que le départ ou plutôt la mise à l'écart souhaitée de ces joueurs, « les bannis », par ces journalistes a apporté un changement dans le football camerounais ? Evidemment que non ! Parce que les mêmes problèmes relatifs aux primes des joueurs ont refait surface lors des échéances suivantes. Une fois encore, le rôle trouble des hommes des médias se fait clair et troublant. Ils ont choisi leur camps selon leurs intérêts et non selon le bon sens.

Donc, une catégorie de ces journalistes, les chroniqueurs sportifs et consultants sportifs sont dans des prismes personnels et personnalisés pouvant leurs permettre d'arrondir les fins de mois. Malheureusement les footballeurs payent une fois encore le prix, eux qui, dans la majorité des championnats ne connaissent pas les fins de mois et ce, avec la complicité des hommes de médias. Lorsque les footballeurs togolais sont payés à 25 000 F CFA ou que les rémunérations soient inexistantes en deuxième division au Niger, que les salaires soient impayés au Cameroun, au Gabon, au Sénégal, en Guinée Conakry, au Burkina Faso ou en Côte d'Ivoire sans que personne n'en parle, c'est pathétique et désastreux. Parce que l'on voit toujours l'acharnement de ces personnes sur les footballeurs, traités d'incompétents et de faibles. Et si les spectateurs se mêlent à ce jeu de dénigrement et d'abaissement, les journalistes, les Chroniqueurs Sportifs et les Consultants sont à l'origine ; dès lors qu'ils ne dénoncent pas avec la même énergie qu'il réclament des missions à l'étranger avec les sélections nationales, le mauvais traitement que connaissent les footballeurs.

Il est fréquent de trouver au cœur des disputes dans le milieu du foot, les hommes de médias. Ils prennent des positions et les défendent avec leurs moyens de travail. Ce qui leurs donnent des fans qui s'alignent eux-aussi dans les rangs de manière à dégrader plus encore la situation. Conséquence, les luttes interminables, relayées et nourries au fil du temps, impactant sur les résultats des clubs, leur fonctionnement ou sur l'ensemble du système du football dans les pays.

Lorsque Bonaventure Kalou avait été limogé de son poste de Consultant de la Radio-Télévision Ivoirienne (RTI) en novembre 2017, c'est à cause de la dénonciation et de son indignation sur la gestion calamiteuse du football ivoirien par le président de la Fédération de l'époque Cyrille Diallo. Certainement, c'est le prix à payer pour la franchise et la dénonciation. Parce que la situation avait été décriée depuis de longues années mais sans connaître de dénouement, que l'ancien footballeur avait pris sur lui, la charge de la plainte ouverte qui était, en réalité, le cri de détresse de tout le peuple ivoirien. Son limogeage avait été acté par un journaliste : le chef de chaine. Pourtant son indignation était fondée et son exaspération s'était avérée importante puisque les évènements suivants permettront au football ivoirien de connaître un changement positif.

Le développement de ce sport passe par ces dénonciations et tout cela au prix du sacrifice. L'unanimité et l'unicité sont des facteurs de développement quelque soit le secteur. Et l'unification des journalistes est le rassemblement des voix du peuple et l'arme constructive pour l'épanouissement collectif. Tous les acteurs de médias, unis autour d'une cause, symboliseraient l'unité du peuple et l'extermination des vecteurs de destruction et de fragilisation. Le football a besoin de journalistes, des chroniqueurs et consultants forts, unis autour de la cause populaire sujette au bénéfice de la nation.

A côté des parties prenantes principales (les dirigeants, les joueurs, les spectateurs) dont l'implication dans la vie des clubs est nécessaire à un degré ou un autre. Il faut associer les médias, les journalistes et consultants pour leur rôle communicationnel très important dans la maîtrise des rouages, des mécanismes et techniques liées au jeu. Il y'a ensuite le rôle et l'implication des institutions footballistiques et gouvernementales: les instances dirigeantes (les différentes Fédérations de Football et les Ligue de Football Professionnel) ; les collectivités locales.

CHAPITRE 8 : LA DEMARCHE DES FEDERATIONS ET DES GOUVERNEMENTS

Le jeu trouble des Fédérations et de ses démembrements (Ligues).

Les Fédérations de football sont des associations des clubs fédérés au sein desquelles se sentent impliqués, de façon directe ou indirecte, tous les clubs du pays. En tant que faîtière, elles ont pour rôle de donner l'orientation de la philosophie du football local dans toutes ses composantes. Elles sont des institutions de régulation, d'organisation et d'orientation technique et pratique du football des nations. Elles sont mises sur pied par l'ensemble des clubs constitués en ligues échelonnés pour l'organisation et la gestion du football local. Ce sont ces deux aspects qui m'intéressent le plus : organisation et gestion.

Parce que si le rôle fondamental de la fédération est de gérer et organiser, il est logique que l'on s'interroge, si, à la lumière de tout ce que j'ai dégagé comme incongruité sur le fonctionnement et les pratiques qui courent dans ce sport, les fédérations jouent vraiment leur partition ? Qu'est ce qui se passe pour que les joueurs soient, de façon continue, autant abâtardis et maltraités ? Et pourquoi les fédérations et les ligues ne sanctionnent-elles pas ?

Pour le cas spécifique de l'Afrique noir francophone, à la vue de toutes les limites évoquées plus haut, l'on pourrait se demander si les Fédérations et les Ligues sont assez fortes, indépendantes et impartiales pour faire régner l'ordre ou établir une certaine justice entre les responsables des clubs et les sportifs ? Ensuite, il faudrait questionner leur degré d'implication pour ne pas dire, leur complicité dans la machinerie destructrice du football et des footballeurs par les clubs. Pourtant, l'on attend des Fédérations et de ses démembrements d'être des modèles, des prototypes d'exemplarité dans leur fonctionnement, sur la base de la charte Olympique. « Toute personne bénéficiant d'une reconnaissance par l'État, (...) exerçant une responsabilité dans l'encadrement technique ou la gestion du sport de haut-niveau doit s'efforcer d'observer en toute circonstance un comportement exemplaire, fidèle à son engagement dans la communauté sportive, et de nature à valoriser l'image de son sport et de son pays ». Cette exemplarité est problématique dans nos Etats parce que le cynisme et l'insouciance ou l'irresponsabilité notoire des gestionnaires des clubs sportifs plombent le football, et les footballeurs en pâtissent au quotidien.

Pourtant dans le fonctionnement et la gestion du football par la FIFA et les Fédérations occidentales, les dispositions sont prises afin que les joueurs soient au centre du débat footballistique. L'instance suprême du football ne tolère aucun cas de maltraitance de joueur. Elle a par ailleurs noué une alliance avec l'association des footballeurs professionnels (Fifpro) dont le but est la défense des intérêts des joueurs. La FIFA n'a jamais manqué de sévir en cas de non payement des salaires par les clubs, lorsque des plaintes sont arrivées à son niveau. Elle exige que les contrats signés entre clubs et joueurs soient scrupuleusement respectés et même entre clubs sous peine de sanctions. Et elle n'a pas hésité à sanctionner à travers le monde.

La France a un système mécanique ou un dispositif méticuleux de contrôle de fond des clubs à travers l'implication des autorités sportives par l'action de la Direction Nationale du Contrôle de Gestion (DNCG). Dans ce pays, « la Direction Nationale du Contrôle de Gestion qui siège au sein de la Ligue de Football Professionnel dispose du pouvoir d'émettre des avis d'interdiction de recrutement et même de rétrogradation dans des divisions inférieures en cas de déficit non susceptible de couverture rapide et fiable. Ce mécanisme a assuré l'assainissement durable des finances des clubs français…». (Groupe de Recherche en Gestion des Organisations, cahier n° 2005-04). Mais il a le mérite de réguler la gestion du football français en créant un équilibre entre les charges et les avoirs. Par conséquent, la présence des clubs à un niveau ou à un autre ne se fait qu'après des garanties financières réelles. Et la priorité est mise sur la satisfaction de la masse salariale des clubs. Toutes les dispositions sont prises au sein de l'instance du football dans ce pays pour mettre les sportifs à l'abri des mauvaises surprises concernant leurs revenus.

Il s'agit bien d'une volonté manifeste de prendre en compte les intérêts de toutes les parties. Autant la fédération se soucie du développement du football à travers le développement de ses membres, autant elle veille à la satisfaction et au bien-être des sportifs, sans qui ce sport n'existerait pas. Il faut bien le dire à un moment, sans les sportifs, le football n'existe pas. Tout le contraire avec les dirigeants quels qu'ils soient. Parce que le football existe et continuera d'exister même sans les clubs, sans les Ligues et sans Fédérations. Une évidence qui devrait non seulement ramener ces associations sur terre, mais aussi réveiller à défaut du professionnalisme, un peu d'humanisme chez toutes ces personnes et personnalités qui sont au centre du football africain. Si l'on s'en tient à la situation actuelle qui ne cesse de se dégrader, au moment où ailleurs, il y'a de l'amélioration, du changement positif et un développement sans cesse grandissant, il vient souvent à l'esprit des interrogations d'une désolation exécrable : « ces gens, toutes ces personnalités autour et dans le football, aiment-ils réellement ce sport. Ont-ils des enfants ou de la parenté qui pratiquent ce sport dans les mêmes conditions ?».

Ces questionnements démontrent un certain degré d'impuissance généralisée de la part des observateurs et même des acteurs de ce sport qui veulent vivre, connaître ou simplement voir un certain changement. Et si l'on ne saurait espérer que ce changement soit énorme et immédiat, l'on attend toujours qu'il soit fait, aussi minime qu'il puisse être, mais qu'il soit fait, afin que progressivement, l'on obtienne un paquet d'îlots de changements qui puissent former un archipel de développement; et former un bloc de changements traduisant un changement de paradigmes. Cela passe par une orientation des priorités vers la propension logique d'un ensemble de mesures mettant un point d'honneur sur les finances, le financement et la gestion des clubs.

Malheureusement au sein de nos championnats locaux, la majorité des clubs fonctionnent sans de véritables budgets, ou fonds propres, donc sans aucune garantie financière pouvant permettre de couvrir les charges annuelles. Par conséquent la quasi-totalité des clubs terminent les saisons au bout de l'essoufflement. Malgré les plaintes, ils continuent de fonctionner en toute impunité. Ceci dit, plus de 80% des clubs des pays de l'Afrique noir francophone ne payent pas la totalité des salaires ; 95% de ces clubs ne versent jamais la totalité des primes de signature ; 75% des clubs ne versent pas la totalité des primes de matchs. Pourtant les Fédérations et les Ligues sont informées de la situation. Certains des employés de ces organes sont à la fois dirigeants desdits clubs mafieux.

Les salaires (ce qui tient lieu ici) sont le fruit du travail et surtout élaborés quelques fois de commun accord (quand ils ne sont pas standards) entre les clubs et les joueurs, avec le quitus des Fédérations ou des Ligues dites Professionnelles. Cependant, le fait de se limiter à des formalités est loin de satisfaire le joueur, parce que c'est toujours le perdant dans l'affaire. Et dans la majorité des cas, les Fédérations n'ont pu se pencher véritablement sur la question, en dehors du président de la fédération camerounaise de football, Samuel Eto'o fils qui en a fait son cheval de bataille. Et les autres ?

En réalité, les dirigeants des fédérations sont plus préoccupés par leur devenir que de celui des footballeurs. Ils ont, pour seul souci de préserver leur électorat. C'est pourquoi la situation catastrophique dans laquelle peuvent se trouver les footballeurs est sans importance, du moment que cela n'influe pas sur leur prochaine élection. Voilà la triste vérité.

Seulement, il est évident que le développement du football passe par une professionnalisation des mentalités et des mœurs. Le football professionnel est un football exigent et rigoureux qui requiert une ferme volonté et un engagement fort des institutions y afférentes. Il ne se décrète pas comme on le voit, mais il est pratique et palpable. Le football professionnel se vit, il se sent et il se ressent. Il est certes administratif, mais il est encore plus fonctionnel. Ce fonctionnement vise à mettre en évidence l'ensemble des acteurs impliqués dans la promotion et le développement de ce sport, donc les sportifs, les partenaires financiers et institutionnels, les Etats et tout le public qui, en réalité porte ce mouvement sportif. Pourtant les pratiques courantes font l'apologie d'une certaine maltraitance des sportifs, de malversations financières et d'une opacité dans la gestion tout simplement, au vu et au su des instances faîtières de ce sport dans les Etats.

Il y'a donc ces pratiques mafieuses qui suscitent de vives préoccupations, parce que l'entêtement observé chez les dirigeants des clubs témoignent suffisamment de l'incapacité des Fédérations et des Ligues à donner le ton en terme d'exemplarité.

Dans certains pays comme le Burkina Faso ou le Cameroun, des mesures ont été évoquées à un moment, pour permettre un versement direct des salaires subventionnés aux joueurs par les Fédérations ou les Ligues. Mais ces institutions n'y ont jamais réussi, à cause du réfus catégorique des responsables des clubs. Au Cameroun par exemple, la Ligue Professionnelle avait proposé le prélèvement, sur la subvention allouée aux clubs, d'une certaine somme relative aux salaires des joueurs. Laquelle somme aurait permis que les joueurs perçoivent directement leurs salaires dans des banques ; puis ils devraient être enregistrés à la Caisse Nationale de Prévoyance Sociale (CNPS) afin de bénéficier d'une retraite. Cela n'a pas marché parce que les clubs avaient opposé une objection formelle. Même si le Président de la Fédération actuel dans ce pays, l'ancien footballeur Samuel Eto'o Fils a pu le faire concernant le football féminin, et progressivement avec les clubs de l'élite, il faut admettre que c'est une réelle opposition entre lui et les présidents de clubs. Certains responsables de clubs, relayés par leurs amis journalistes en ont fait un dictateur caricaturé.

Si ce genre de pratiques permettent de régler d'une manière drastique ce problème de traitement des sportifs, il faut admettre qu'elles sont honteuses, non pas pour le Président de la Fécafoot (qui en a eu recours, comme solution ultime), mais pour les présidents de clubs qui démontrent leur incapacité à respecter leurs engagements vis-à-vis de leurs employés. Une illustration parfaite de la mauvaise foi et du manque de volonté de ceux qui se réclament maillon essentiel de l'existence du football.

Il est à noter que cette proposition (émise au départ par le tout premier président de la LFPC, le général à la retraite Pierre Semengue), avait été rejetée et balayée du revers de la main par les présidents de clubs. Et ladite Ligue avait cédé, au détriment du statut et de la vie des footballeurs. A ce jour encore, les footballeurs du championnat camerounais souffrent du problème d'arriérés ou de salaires impayés, malgré les efforts et la volonté de l'Exécutif fédéral actuel, pilonné par Monsieur Samuel Eto'o Fils. Pourtant l'on sait bien que ces dirigeants de clubs ne manqueraient pas de boycotter le championnat ou de l'arrêter, lorsqu'ils sont informés de l'indisponibilité d'une des diverses subventions qui leurs sont accordées.

Le paradoxe est là ! Les présidents de clubs peuvent se permettre de perturber le championnat selon leurs humeurs, pour revendiquer la mise à disposition des fonds relavant des dotations et autres subventions ; mais en excluant du club, tout joueur désireux de revendiquer un arriéré de salaire ou une quelconque prime de match. On peut donc conclure aisément que le problème du football de ce pays, ce sont les responsables de clubs. Ils revendiquent ou boycottent les compétitions selon leurs humeurs, tout en interdisant tout signe de mécontentement de la part de leurs employés que sont majoritairement les joueurs.

Les footballeurs sont donc contraints de vivre dans un fâcheux mutisme sous peine de sanction ou même de résiliation abusive de contrat. Un traumatisme dans lequel ils sont plongés au quotidien et qui explique non seulement le retard de ce football, mais aussi la misère, l'inconstance dans les performances et le manque de motivation de ces joueurs dans la pratique de leur métier. Ceci avec la complicité, consciente des Ligues et des Fédérations.

Le cas du Burkina Faso est autant touchant que choquant. Dans ce pays, le gouvernement à travers le ministère des sports avait pris l'engagement d'allouer une bourse aux footballeurs, leur permettant d'arrondir les fins de mois. Cette décision avait été prise après constat des sommes dérisoires versées aux footballeurs par les clubs et servant de salaires. Pour le gouvernement, l'initiative devrait permettre aux footballeurs de doubler leurs salaires. Ils avaient plus ou moins 75 000 F CFA en Ligue 1 et 50 000 F CFA en Ligue 2. Désormais, avec la bourse, ces joueurs devaient gagner relativement 150 000 F CFA minimum en Ligue 1 et 100 000 F CFA minimum en Ligue 2. Cette bourse avait pour but de servir d'accompagnement aux clubs, et revaloriser les salaires des joueurs. Hélas, aujourd'hui cette prime lorsqu'elle n'est pas détournée entièrement ou réduite par les dirigeants, sert de seul salaire aux joueurs. Conséquence, on a des joueurs qui gagnent approximativement 100 000 F Cfa en Ligue 1 et 50 000 F cfa par trimestre en Ligue 2, mensuellement.

Effectivement, les clubs se sont limités à verser cette bourse réduite comme salaire. La majorité des clubs du championnat local n'octroient par l'intégralité de cette prime aux joueurs. Malgré les plaintes de ces derniers et des voix qui se lèvent, rien ne change dans l'environnement du football dans ce pays, quoique la responsabilité du ministère est clairement établie dans ce cas précis. Dès lors que les sommes allouées font partie des fonds publics, il devrait avoir un contrôle strict et systématique permettant de voir les mécanismes de distribution desdits salaires aux joueurs. Il devrait avoir une traçabilité de cette bourse afin de mettre à mal les malhonnêtes, et tous ceux qui détournent ces fonds publics. Parce ces argents sont des fonds publics.

Toutes ces institutions étalent au grand jour leur impuissance notoire à donner des directives ou des injonctions aux clubs ; afin de permettre aux footballeurs de vivre de leur métier, quand l'on sait que les championnats de ces pays ont le statut « professionnel ».

Des cas d'impuissances des fédérations et des Ligues se sont aussi révélés lorsque celles-ci ont exigé la mutation des clubs de football, des associations en entreprises (Société Sportives). Dans le cas du Cameroun, un bras de fer avait été observé entre les clubs et la Ligue nationale de football en 2013. Durant la première année de cette recommandation, à peine deux à trois clubs avait acquis le statut d'entreprise.

Il en est de même au Sénégal, où plusieurs clubs n'envisagent même pas l'hypothèse de mutation, tout simplement parce qu'il est exigé que ceux-ci aient une montant minimum de 30 millions à la création d'entreprise sportive pour évoluer en Ligue 1 et 20 millions pour la Ligue 2.

Une mesure très bénéfique pour ces mêmes clubs mais qui, au lieu de percevoir le côté positif de cette transformation, ont préféré s'enfermer dans un égoïsme symbolisant l'absence totale de vision. Pourtant, c'est à leur avantage d'être des entreprises de football que de simples associations à « but non lucratif ». La forme juridique de la société sportive, et son but lucratif, est le moyen idéal de mieux répondre aux besoins exponentiels de financement dont font face les clubs. Cette forme d'entreprise est le moyen par excellence facilitant la mise en branle d'une batterie de stratégies d'autofinancement.

Le but lucratif des sociétés sportives permet d'ouvrir la porte aux investisseurs dans le capital-actions de clubs. Il est donc urgent de s'accommoder à la forme entrepreneuriale en s'éloignant des pratiques traditionnelles, dictées par le modèle associatif. De toute évidence, cette dernière forme est totalement incompatible avec les exigences du football professionnel et surtout au regard de la mentalité et du caractère énigmatique de l'africain.

Pour accéder au développement du football, il faut adopter des méthodes pratiques de management ; et une démarche intelligente et intelligible adéquate au football des affaires que l'on observe à travers le monde. Le président Moïse Katoumbi du Tout-Puissant Mazembe de la République Démocratique du Congo l'a parfaitement compris. Selon lui, « dans le football aujourd'hui, il faut avoir une tête bien faite pour réussir ce qui est devenu du business ». Mais pour y parvenir, les clubs francophones doivent se constituer en des marques identifiées (Couvaelere et Richelieu 2005) et valorisée au niveau national et continental avec des joueurs internationalement connus comme autrefois, ce qui n'est le cas que des clubs capés tels TP Mazembe, Espérance de Tunis, Al Ahly du Caire, Supersport United, Mamelodi Sundowns, Club Africain, Etoile du Sahel, Wydad Casablanca, le Simba Sport Club et quelques rares autres.

Par conséquent, le développement des clubs passe par une vision optimisée et une prise de risques, c'est-à-dire une planification des modèles de gestion relativement calqués sur des méthodes organisationnelles des clubs mieux structurés et professionnels. L'objectif est de concevoir une organisation suffisamment adaptable, flexible et résiliente grâce à l'ouverture actionnariale qui permet un partage de risques mais aussi une croissance économique accéléré et obnubilée par l'entreprenariat. Il s'agit non seulement de bâtir des entreprises mais aussi de mieux penser, au moyen de grandes intelligences, les politiques de croissance économique propres aux entreprises sportives.

Cependant, malgré les diverses mesures prises ou recommandées par les instances du football local, il y'a toujours une réticence liée à l'ignorance et un manque de confiance en l'avenir. Les clubs sont donc ancrés dans un maillage dubitatif dû à un avenir économique incertain. Ces incertitudes et ces tâtonnements viennent des visions limitées des dirigeants de clubs ; et tant que ces derniers ne réaliseront pas la valeur factuelle et la nécessité d'un football d'entreprise, le degré de pauvreté et la spécificité limitée de ce football demeureront inchangées, aussi bien économiquement que sportivement.

Toutes les mesures prises par ces institutions sont restées pour la plupart inappliquées par les Clubs, préférant des modes de gestion désuets et archaïques dont-ils sont les seuls bénéficiaires. Hors le football est un sport fondé sur des valeurs de partage, de rassemblement, d'unité, d'unicité, de collectivité, de respect ou de discipline. Des valeurs qui, si elles sont observées, devraient donner du sourire aux footballeurs. Eux qui ne souhaitent qu'un léger changement et une véritable prise en charge par les clubs selon les contrats. Ils sont dans leur droit de réclamer leur dû et de dénoncer les mauvais traitements dont-ils font face. Mais une fois encore, ils se heurtent à un refus catégorique des dirigeants à épouser un autre principe fondamental du le football : le Fair-play.

Ce sport perd en qualité et en genre parce qu'il ne respecte plus ces valeurs fondamentales suscitées. Le football se pratique en groupe, en équipe et les retombées devraient aussi connaître le même sort. Il recommande le respect et la discipline sous peine de sanction. Par conséquent celles-ci devraient s'imposer à tous les niveaux de la sphère footballistique. Que ce soient les dirigeants ou les joueurs, ils devraient tous faire l'objet de sanctions afin d'appliquer cette qualité impartiale des officiels symbolisé par les Fédération et les Ligues. L'impunité traduit les accointances, la complicité ou même l'impuissance, et face à l'incapacité à se faire respecter ou mettre en pratique les conditions de base d'une fédération : diriger, investir et servir. Les fédérations se doivent donc de créer ces trois conditions afin de transformer totalement ce football, aux impératifs professionnels.

Concrètement il revient aux fédérations et ligues de créer ces conditions de base qui leurs sont propres. Et selon le président de la Fédération Belge de Football depuis les années 2006, François De Keersmaecker, les fédérations sont appelées à établir « une bonne administration (diriger), une politique d'investissement intelligente et transparente (investir) et une prestation de services modernes (servir) ». Mais au vu des cas traités, doit-on encore douter de l'insuffisance des pratiques de gestion et de management ? Et puisque tout laisse croire à une évidence, à quoi servent donc des institutions sans autorité ?

La volonté mitigée des gouvernements :

Systématiquement sollicités, les gouvernements, lorsqu'ils ne sont pas accusés de passivité, il leur est reproché justement ou injustement de ne pas faire assez pour le développement du football et la survie des clubs. En réalité est gênant de parler de gouvernement, dans le même sens que les acteurs dirigeants du football dans certains Etats. Dans un premier temps parce que les Gouvernements entretiennent une relation à sens unique avec les Fédérations et les Ligues, certains le trouverait normal, mais pour moi, non! C'est une relation dans laquelle, ces institutions gouvernementales nationales sont budgétivores. Ensuite, elles sont victimes d'un manque de reconnaissance, d'une tromperie et d'une escroquerie malveillantes.

Les gouvernements financent les Fédérations et les Ligues de football, pourtant il leur est interdit le droit de regard. Ils sont les financiers de ces organisations sportives, mais il leur est interdit de donner une opinion ou de donner des directives, parce qu'il s'agirait d'ingérence, condamnable par l'institution mère du Football : la FIFA. Alors, il est difficile de comprendre cette forme de partenariat ou de bénévolat autour d'un règlement au bénéfice du demandeur. Les gouvernements font vivre les Fédérations et les Ligues qui sont des associations indépendantes. Mais en cas de litige ou de désaccord au sein de ces institutions sportives, il est strictement interdit aux gouvernements de s'en mêler. Quand bien même ceux-ci jouent la carte de l'apaisement, ils font face aux égos et à des positions excentriques des groupuscules ou des personnes du milieu du football.

J'ai évoqué plus haut les situations de crise au sein des fédérations de football du Cameroun, du Benin, du Mali, de Guinée ou de la Côte d'Ivoire. Des personnalités des gouvernements de ces pays ont essayé de mettre fin à ces différentes crises qui ont sévi dans leur football. Malheureusement, elles n'ont été guère écoutées malgré la complexité continue de la situation. Et lorsque certains gouvernements ont sévi, ces pays se sont vus sanctionnés et privés de toute compétition organisée par une association affiliée à la FIFA, pour ingérence.

Sans vouloir véritablement traité des litiges entre ces institutions, tout de même, il est incongru d'exiger des financements des gouvernements, en les privant du droit de regard ou d'une reconnaissance empirique pouvant leurs permettre d'être juge ou arbitre de poids dans la gestions des conflits d'intérêts qui affectent les Fédérations, les Ligues et de façon corolaire le football lui-même. Les crises, dans ce football, se font persistantes dès lors qu'aucune menace gouvernementale ne pèse sur les dirigeants véreux. C'est la base de tout désordre observé. L'incapacité ou la proscription fondamentale de toute autorité des gouvernements sur les Fédérations sportives concoure à l'implantation et au renforcement des mécanismes de chantage ou d'insubordination des acteurs de gestion du football local.

Cette attitude désinvolte des dirigeants du football traduit le caractère ambivalent de l'absence de l'autorité gouvernemental dans l'administration du football local. Une absence salutaire dans son essence au regard du caractère politique de l'instrument gouvernemental : absence de gouvernement signifiant absence de politique (division) dans le football. Dans l'autre sens, cette absence est problématique et critique pour un fonctionnement stratégique et sérieux du football : absence de gouvernement signifiant défaut de contrôle de gestion et des mécanismes d'administration (impuissance gouvernementale). L'exclusion gouvernementale dans la gestion de ce sport est catastrophique pour le développement du football et même pour sa survie aujourd'hui. Il est nécessaire que les gouvernements aient un certains contrôle dans la gestion de ce sport afin qu'on cesse de vivre des situations calamiteuses entre groupuscules d'une même famille sportive.

L'histoire retiendra que la FIFA elle-même a connu un assainissement stratosphérique grâce à l'intervention des gouvernements (américain, suisse…) au moyen de leurs appareils juridiques. La FIFAGATE (affaire de la FIFA) a permis d'avoir une connaissance explicite de la gestion opaque et mercantile du football mondial ; en exposant les pratiques mafieuses et une administration dirigée, orientées selon des intérêts particuliers d'un groupe d'individus jusque-là « tout-puissants » et intouchables, ayant pour bouclier les textes de cette organisation. Il a fallu l'intervention de la justice suisse et américaine pour renverser le système de Sepp Blatter à la FIFA ou encore celui de Michel Platini à l'UEFA.

Bien que cela ait été fait au sommet du football mondial, il est impensable que l'on puisse admettre une telle pratique des gouvernements locaux. Ils sont volontairement impuissants. Une impuissance paradoxale qui prouve plus, la bonne volonté constructive et la nécessité de conservation des acquis, à défaut de leur amélioration. Ils sont contraints d'opter pour la méthode de la « non-violence » afin de préserver l'unité et la cohésion sociale, au regard de l'importance du football dans les sociétés actuelles. Les gouvernements, contrairement aux Fédérations, sont les seuls institutions qui se préoccupent véritablement du football, en tant que sport, profession et symbole de l'unité nationale. C'est pour cela que ceux-ci se font volontairement impuissants. Une position et une attitude qui ne cesse d'enorgueillir les dirigeants de ce sport, laissant aussi l'opportunité à certains de voir là, une certaine complicité des gouvernements.

En effet, l'idée d'une complicité gouvernementale est celle qui anime les pensées, par moment, de l'opinion publique. Cependant, cette complicité involontaire des gouvernements et parfois volontaires des gouvernants peut s'avérer nécessaire pour la protection des footballeurs et du football local. Parce qu'une prise de mesures drastiques des gouvernements, à l'endroit des dirigeants fédéraux, trouve toujours une réponse rigoureuse de la FIFA. Ils sont donc contraints de revenir sur leurs décisions pour obtenir l'annulation des sanctions de l'instance faitière du football planétaire. Ce n'est pas forcément une position de faiblesse, mais c'est par mesure de préserver les acquis, et permettre aux pratiquants de ce sport de continuer d'en jouir librement.

Les gouvernements sont à la disposition des fédérations et des Ligues, ils financent ces associations bien que leur rôle soit flou. Ils constituent une force financière très importante pour la survie des organisations sportives. Toujours fidèles dans leur apport financier, les gouvernements dépensent des centaines de millions par ans. Dans certains pays, ils sont les premiers donateurs et véritables pourvoyeurs des clubs de football. Ce qui est contraire au football professionnel. Les gouvernements ne doivent pas être les principales sources financières des associations indépendantes, mais totalement improductives.

Les Fédérations bénéficient des fonds de la CAF et de la FIFA. Lesquels fonds sont octroyés aux clubs selon le niveau de compétition. Cependant, il faut admettre qu'il y'a impudence dans ce mode de fonctionnement. Il ne présage aucun développement et aucune perspective d'avenir. D'ailleurs, il explique clairement la situation lacunaire de ce football. Parce que la logique veut qu'on crée son association en fonction de ses ambitions et des moyens y afférent. Ce qui est contraire à la politique des clubs dans ces pays francophones noirs. Ici on crée son club et on tend la main au gouvernement et à la Fédération en guise de doléances pour la survie de ce club. C'est la triste réalité que l'on vit dans ces pays. Tous les clubs sont rivés vers l'argent des gouvernements à travers la Ligue et les Fédérations uniquement. Pourtant, les clubs ne peuvent pas se contenter de demander et de faire de la mendicité une source de revenus. Ils sont des éternels dépendants des portefeuilles gouvernementaux et Fédéraux. Ce procédé implique une limite dans la croissance et une marge de progression timide. On ne peut pas se développer en misant sur l'aumône.

Alors que le football se veut professionnel, il est impensable que les clubs continuent de se limiter sur les subventions pour survivre. Pendant que les clubs professionnels créés des richesses en se transformant en véritables marques, ceux de ces pays africains se font de plus en plus dépendants. Ils se mettent en difficulté, eux-mêmes. Ils se comportent en victimes alors que la vraie victime, c'est le gouvernement. Il donne ce qu'il peut et il revient à chaque association de créer des biens et des richesses pouvant lui permettre de grandir.

Les gouvernements endossent une forte responsabilité dans des évènements dont-ils n'ont parfois aucun intérêt direct. L'on devrait avoir un minimum de reconnaissance envers ces institutions étatiques, car elles se consacrent à injecter des fonds souverains, le contribuable dans des associations de groupuscules d'individus dont la seule volonté est celle de se faire de l'argent. Conséquence, certains dirigeants vénaux prospèrent en biens mobiliers ou immobiliers au détriment des footballeurs. Mais l'on ne cesse d'exiger des gouvernements plus d'implication et de subvention : plus d'argent. Il ne s'agit pas de demander la cessation des financements étatiques, mais il faut au moins que ceux qui perçoivent ces sommes d'argent s'en servent pour l'épanouissement de leurs employés ; et non à leur seul compte.

En outre il est reproché aux gouvernements de ne pas développer les infrastructures sportives : les stades. Cette autre accusation est peut-être fondée quoiqu'elle puisse avoir des limites. Nous sommes à l'air du professionnalisme du football. Ceci dit, chaque club devrait penser son développement. Et cela passe aussi par l'autonomie infrastructurelle et logistique. Le Tout-Puissant Mazembe en République Démocratique du Congo, Horoya FC en Guinée Conakry, Hafia de Conakry ou US Seme Krake au Benin sont quelques clubs qui ont compris l'importance d'avoir son propre stade.

La billetterie constitue la deuxième source de revenu des clubs professionnels en Europe. Et c'est pourquoi chaque club dans les championnats européens ne rêve que d'une appropriation d'un stade de football. Pendant ce temps et en même temps, en Afrique, on continue de fustiger les gouvernements pour exiger d'eux la construction des stades. Une attitude acceptable à bien des égards, dans le sens où ces clubs n'ont pas assez de moyens financiers pour s'en doter, quoiqu'il existe des clubs qui ont eu à un moment ou à autre de leur existence, de très fortes sommes d'argent issues des ventes de joueurs.

Néanmoins, les états font des efforts à ce niveau. Seulement, il se pose après le problème de l'exploitation ou d'utilisation de ces stades. Le cas du Gabon est expressif. Après avoir abrité la Coupe d'Afrique des Nations de 2017, que deviennent les stades ayant servis pour la compétition ! Le Stade d'Oyem est à l'abandon. Dans certains de ces nouveaux stades, les équipes refusent de jouer. Au Cameroun, le Stade Municipal de Bafoussam et le Stade Omnisport de Limbé ont souvent été boycottés par les clubs devant y jouer. Il reste à savoir si ces clubs iraient jouer au stade d'Olembé ou celui de Japoma à Douala, au regard de leur situation géographique. Il en est de même du stade municipal de Koudougou au Burkina Faso qui tarde à vivre des évènements sportifs. Par ailleurs, la capacité de ces infrastructures reste problématique et en déphasage avec le degré et le niveau de fréquentation des stades par le public.

Avec « la mort » du supportérisme et l'absence de spectateurs, la grandeur et la capacité de ces stades peut s'avérer inutile. Peut-être que l'on devrait se limiter à multiplier des aires de jeu avec une capacité d'accueil comprise entre mille et dix mille places pour les championnats, et construire ensuite deux stades d'une capacité bien plus grande réservés aux sélections nationales, qui elles, rassemblent tous les publics. D'ailleurs dans la grande majorité de cas, ces infrastructures n'existent que le temps des matches internationaux des sélections séniores ; or, celle-ci livrent à peine cinq matches par an.

De ce fait, il est impératif de revoir les plans de construction et les stratégies de gestion de ces infrastructures, afin de les modéliser aux systèmes de saturation ou de remplissage dans ces pays. Puisque les stades sont vides et que les Ligues, tout comme les clubs affichent une volonté déconcertante de se passer des supporters et des spectateurs, ces lieux devraient se limiter aux aires de jeux et de petites places assises d'une capacité relative à l'importance accordée à ce sport localement. Par conséquent les stades de 20 000 milles places et plus ne sont pas propices au football local. La meilleure stratégie serait celle envisagée par la Fédération Camerounaise de Football en 2017, de construire, dans certaines localités, des stades avec une capacité avoisinant 5000 places, en partenariat avec les Mairies, même si ce projet-là ne soit pas allé à terme, malgré la mobilisation des fonds fédéraux. Mais cette stratégie de construction des infrastructures pourrait, avec plus de volonté et de justesse, convaincre un nombre acceptable d'amoureux du football à renouer avec les stades de football. Et dans le cas où l'engouement populaire s'accroit, les clubs pourraient simplement augmenter la capacité d'accueil en ajoutant des sièges chaque fois que besoin seraient, comme le fond les grands clubs ailleurs.

CHAPITRE 9 : LA FAUSSE POLITIQUE DES QUOTAS

Les fédérations dans certains pays ont épousé la formule de quotas, c'est-à-dire la limitation du nombre « d'étrangers » par club. Cette méthode, vieille de longues décennies avait été annulé et abolie en Europe par l'arrêté Bosman en 1995. Les limitations liées au recrutement des africains, par les africains et dans les clubs africains constitue un frein pour le développement du football local et continental.

Cette restriction calquée par certaines fédérations est une véritable entrave au progrès de ce sport, en dehors d'être une expression caractérisée et manifeste de la xénophobie. De même que les raisons avancées sont encombrées et guidées d'hypocrisie, de même l'interprétation est maquillée par un sentiment de légitimité ayant pour but de promouvoir les talents ménagers. De là nait la première incongruité. Un talent à t-il besoin d'être favorisé pour se faire valoir ?

Le football est fondé sur la confrontation et la rivalité. Dans ce sens le joueur local n'a pas besoin de se sentir protégé par une loi au détriment de son coéquipier étranger. La pertinence de ce sport se situe dans l'encouragement des oppositions (concurrence) et dans un esprit typiquement sportif et non administratif. Il est nécessaire et même indispensable de créer des confrontations sportives internes afin de permettre une totale implication de toutes les composantes et valeurs techniques des équipes. Et se limiter à un quota de joueurs étrangers est une aubaine dans l'environnement sportif rythmé par le besoin de résultats sportifs et économiques. Par conséquent une politique des quotas est inopportune et caduque dans le football professionnel.

La première limite à cette orientation est l'absence de résultats sportifs. Comme je l'ai dit plus haut, le football se nourrit de la compétitivité et de l'opposition à travers des croisements sportifs entre des entités hétérogènes (les équipes) d'une part et des entités homogènes (les joueurs) d'autre part. Puisque les dernières conditionnent la bonne qualité des premières, il est dont fondamentale de permettre un équilibre des forces psychologiques et créer une concurrence loyale et seine. En clair la bonne qualité sportive des équipes est fonction de la libre concurrence loyale entre les joueurs évoluant à des postes similaires. La confrontation en interne des joueurs, sur le plan sportif permet d'avoir des équipes compétitives où le mérite et l'égalité priment sur une fraternité constrictive. Dans ce cas le degré de performance est sujet à des variations positives, bénéfiques pour les équipes et naturellement pour le football.

Seulement la limitation du nombre « d'étrangers » dans les clubs est totalement contraire à ces valeurs de justice et d'égalité. Elle est partiale et injuste, du fait de son caractère barbare, discriminatoire et xénophobe. Depuis 1995, l'Europe a considérablement pris une avance démesurée sur le continent africain. Alors que nous évoquons les mots « forts » pour dénoncer l'attitude immonde des peuples et communautés de ce continent (le racisme), nous avions pris des dispositions littéralement identiques et que nous masquons sous des exigences identitaires fallacieuses à savoir les quotas.

Pourtant les footballeurs « étrangers » élèvent le niveau technique et sportif des clubs et conséquemment des championnats. Les meilleurs championnats dans le monde s'appuient sur les performances des étrangers et non des locaux. La Premier League Anglaise est meilleure grâce aux étrangers, la Liga en Espagne a toujours abritée les meilleurs joueurs du monde (Cristiano Ronaldo, Messi, Kaka, Ronaldhino, Eto'o, Zinédine Zidane, Ronaldo ...), la Bundesliga allemande, ou la Ligue 1 en France brille par la présence des étrangers ; et dans tous ces pays évoluent, en masse, nos frères africains, souvent au moyens de quelques accords de partenariat. Mais la présence des étrangers dans ces championnats a-t-elle impactée négativement sur les résultats des sélections locales ? Certainement pas ! Le parcours impressionnant du Tout-Puissant Mazembe dans les compétitions africaines et même mondiales repose sur la capacité de ce club à composer avec un grand nombre d'étrangers.

Double vainqueurs de la Ligue des Champions de la CAF en 2009 et 2010, le club de Lubumbashi est l'un des clubs africains à employer un grand nombre d'étrangers. Sa brillante participation en Coupe du Monde de Clubs de la FIFA en 2010, au Japon en est un bonl exemple. Le Club phare de la RD Congo avait un effectif de 25 joueurs, dont 9 étrangers et 16 joueurs locaux. Lors de son sacre en Ligue des Champions de la CAF en 2015, le Club de Moïse Katoumbi a un groupe de 18 joueurs étrangers. Cette culture de l'emploi des joueurs étrangers n'est pas veine. Elle est soutenue par les bons résultats et les performances du club. Celui-ci brille sur le toit de l'Afrique et avec l'aide indéniable des étrangers. D'ailleurs les deux titres glanés simultanément en 2016 et 2017, en Coupe de la Confédération Africaine par ce club prouve, là encore, l'importance de cette politique sportive libérale.

Le libéralisme des politiques sportives et notamment footballistique n'est, en aucun cas, un frein pour le football d'un Etat. Sinon les pays qui jouent la carte de limitation, de xénophobie et de repli identitaire auraient les meilleurs sélections mondiales et ou continentales. Malheureusement c'est le contraire. La limitation du nombre d'étrangers plombe les résultats sportifs de ces pays. L'exemple du Niger et du Burkina est suffisamment illustratif. Alors que le premier n'a jamais pu sortir de la phase de Poule de la Coupe d'Afrique des Nation, en deux participations seulement, le deuxième ne doit ses quelques performances, dans cette compétition, que grâce à des exploits des joueurs professionnels, évoluant dans les championnats étrangers, et ce, malgré sa politique de favoritisme en championnats locaux. Lors de la finale disputée (perdue en faveur de la Zambie), en Coupe d'Afrique des Nations de Football en 2013, en Afrique du Sud, le Burkina Faso n'avait aligné aucun joueur du championnat local. D'ailleurs, il n'y avait aucun joueur du championnat local convoqué dans la liste de 23.

Tout constat fait, depuis leur affiliation à la CAF comme membre, à ce jour, le palmarès de leurs clubs est resté pauvre malgré l'entêtement à perpétrer la tradition relative à cette disposition. Les pays ouverts et libéraux sont ceux qui prospèrent : sportivement et financièrement. Il est évident que la bonne santé du football européen date de l'institution de l'accord Bosman. Entre 1998 et 2017, les clubs tels que le Réal de Madrid (6 C1/12), Manchester United (2 C1/3), le FC Barcelone (5 C1/6), Chelsea (2 C1/2), la Juventus (2 C1/5 et 3 fois finaliste malheureux : 1999, 2010, 2012) n'ont pas hésité à se lancer dans le recrutement des étrangers en grand nombre pour s'élever en terme de performances : sportives et économiques. Une prospérité aussi bien qualitative que quantitative.

La discrimination sportive est suicidaire pour le football professionnel. Contrairement à ce que l'on croit, cette fameuse politique des quotas a deux façades : une façade conjecturelle identitaire, supposée bénéfique et une autre façade réelle : appauvrissement. Au sujet de cette dernière, l'appauvrissant du football se traduit par l'absence de concurrence au sein des clubs et à des postes identiques. En réalité, dans le système de discrimination sportive, il existe une concurrence faussée et biaisé par des préjugés identitaires à préserver. Donc la concurrence existe seulement entre les étrangers et ce, à des postes différents : l'attaquant faisant concurrence avec le défenseur, le milieu de terrain avec le gardien et vice versa. Pendant ce temps, les joueurs locaux ou autochtones sont exemptés de toute concurrence. Parce que si le quota des étrangers est atteint dès l'entame des rencontres, il faut pour faire entrer un étranger, qu'il soit remplacé par un autre étranger et jamais un joueur autochtone.

Les conséquences dévastatrices au niveau sportif et technique se font de plus en plus présentes. Le joueur local cesse de progresser après enregistrement des mécanismes de sélection ou de substitution à sa faveur. Il est intouchable et pseudo performant malgré des performances limitées. Il est le meilleur au sein d'une médiocrité nourrie de bout en bout par les institutions sportives xénophobes et ségrégationnistes. La compétition au sein du club est nulle et cela affecte négativement les résultats.

Seule la rivalité au sein des mêmes postes permet de relever le niveau d'un joueur afin de faciliter sa progression et une meilleure expression de son talent, qui est bénéfique au le club. Donc, la politique des quotas tue le vrai football et laisse place au favoritisme qui ne rentre pas dans l'environnement des valeurs de ce sport. On apprend au contact des meilleurs, et puisque « les étrangers » qui sont recrutés sont généralement de niveau supérieur aux locaux, mis à part la xénophobie, les footballeurs locaux se perfectionnent aux côté des allogènes.

Par ailleurs, la discrimination sportive est une perte, non seulement au niveau financier, mais aussi au niveau de la notoriété pour les clubs. Les étrangers sont animés par une motivation obsessionnelle. Ils jouent dans l'optique de se faire remarquer et encensés pour espérer intégrer les sélections de leurs pays respectifs ou alors continuer l'aventure dans un championnat plus huppé. Lorsque un joueur « étranger » évolue dans un club, il permet à ce club d'être connu et même de se faire plus de supporters dans le pays du joueur. C'est pourquoi les clubs comme le Réal de Madrid ou le FC Barcelone et le Paris Saint-Germain récemment emploient les joueurs étrangers et bien souvent sud-américains.

A travers des joueurs comme Lionel Messi, Neymar, Marcelo, Suarez, James Rodrigues et recemment Vinicius, ou Rodrygo Goes ces clubs se sont fait un marché énorme en Amérique du Sud. Les chiffres concernant la vente des maillots et d'autres produits de ces clubs, dans ces pays sont colossaux. Les droits TV sont multipliés au fil des années. L'audience des chaînes de retransmissions des matchs de ces clubs a décuplé au fil du temps et la notoriété de ces clubs est toujours en nette progression. A l'origine se trouvent les recrutements massifs des joueurs sud-américains dans les clubs européens. Cela pose un autre problème, que je ne traiterai pas ici, celui des politiques managériales et de marketings des clubs africains en général et de ceux des pays qui focalisent mon attention en particulier.

Les étrangers portent des germes de réussite dans le plan financier et de titres. Ils conduisent à la réussite sur tous les plans. Ils sont serviables, volontaires et travailleurs. Et leur sens du travail se contamine et propage généralement le collectif à travers une nécessité de gain du temps de jeu. Mais lorsqu'ils sont discriminés tel que c'est le cas, les performances des clubs, aussi bien sur les plans sportif et économique sont très réduits. Les efforts consentis par les étrangers pour se faire une place au sein d'un effectif sont illimités et c'est une qualité naturelle qui finit par atteindre toutes les mentalités au sein du groupe, et pour le bien de celui-ci. Ils sont combatifs, travailleurs et déterminés. Donc, si une équipe en prenait suffisamment, les autochtones seraient relayés au banc de touche. Ils seraient donc piqués dans leur orgueil et se mettraient au travail afin de pouvoir gagner du temps de jeu. Car dans une équipe, on gagne du temps par le travail et non par la force ou le copinage. On mérite la présence sur le terrain par l'expression de son talent et du travail accompli et non par des méthodes de compensation ou de favoritisme.

Le mérite permet de chiffrer les résultats et d'accroître les gains : financier ou matériels. Les joueurs doivent se sentir égaux sur la base des valeurs humaines. Et le talent, lui, impose des démarquages et des traitements particuliers distincts. C'est ce que recherchent les joueurs étrangers à travers la détermination et l'engagement sans cesse renouvelé au sein des groupes sportifs. De là naissent les performances et la progression collective dans le sens de l'amélioration des résultats et de l'atteinte des objectifs. Malheureusement, les clubs dans l'ensemble, ne sont pas de projets ambitieux ou manquent d'objectivité dans leur fonctionnement. Voilà pourquoi la grande majorité ne trouve pas de problème sur l'affaire ou la loi des quotas en Afrique.

Parce que les grands clubs sont conscients que les meilleures affaires se font avec les étrangers. Là encore, l'exemple des cadors européens est devrait nous parler. Le Réal de Madrid, le FC Barcelone, Manchester United, Arsenal, Chelsea, Liverpool, le Paris Saint-Germain, Olympique de Marseille… n'ont pas hésité à se lancer vers des marchés étrangers pour s'offrir les meilleurs joueurs du monde. Ils y ont recruté les meilleurs et continuent dans cette logique à travers la prospection sans cesse des grands talents à travers le monde. Le paradoxe c'est que nous sommes très heureux dans nos pays, lorsque ces clubs recrutent nos jeunes talents pour les former mais nous refusons de recruter nos voisins. Les championnats occidentaux sont saturés par nos concitoyens sans que cela ne gêne personne, mais à notre tour nous limitons les recrutements à cinq étrangers par club, l'argument étant de favoriser la relève, pourtant ces joueurs qui évoluent au sein des sélections nationales sont formés ailleurs pour la grande majorité et ils y évoluent.

Les footballeurs en Afrique subsaharienne noirs donc je parle ici, sont formés à 80% dans les pays européens. Ils reviennent ensuite intégrer la sélection nationale et sont pour la plupart les meilleurs de nos sélections. Donc, le problème ne se trouverait pas sur une forte présence des étrangers dans les championnats locaux, mais sur les qualités et les capacités de formation des jeunes joueurs. C'est à ce niveau que devrait être axé le débat, sur les méthodes de formations efficaces. La Côte d'Ivoire en a essayés avec la génération des académiciens (Yaya Touré, Kolo Touré, Gervinho, Bonaventure et Salomon Kalou, Didier Zokora ...), mais bien avant le Cameroun l'a fait avec les brasseries du Cameroun ou la Kadji Sport Academy (Rigobert Song, Stéphane Mbia, Samuel Eto'o Fils, Jérémy Sorel Njitap etc). Le Sénégal avec Génération foot le fait très bien aujourd'hui.

Mais il faut souligner que là encore, ces pays ont servi de préformation puisque la grande majorité de ces joueurs ont continué l'apprentissage au sein des clubs européens. C'est la preuve que ce qui pose problème, ce ne serait pas la forte présence des étrangers au sein des clubs locaux, mais bien celui lié à la formation des jeunes joueurs. Parce qu'il y'a l'âge de la formation et celui de la maturité ou de la compétition.

En réalité, les clubs ont plus un intérêt autre que celui sportif. La grande majorité des clubs aujourd'hui trouvent mieux de recruter des jeunes inexpérimentés et locaux afin de les manipuler à leur guise. Ces clubs ne veulent pas mieux rémunérer les joueurs et encore moins les primer à suffisance ; d'où l'intérêt porté vers les jeunes locaux immatures et bien souvent sans aucune expérience. La conséquence est perceptible sur les résultats sportifs et économiques desdits clubs. Aucune progression et aucun résultat ni dans l'immédiat, ni dans la durée. Les clubs les mieux positionnés sont ceux qui utilisent la maturité et font un effort dans le recrutement des étrangers. Les autres ont généralement de faux arguments pour dire non aux étrangers : ils refusent les étrangers pour promouvoir les joueurs locaux.

Malheureusement, les vrais talents locaux ne se trouvent pas dans leurs effectifs. Ils sont dans les clubs plus ambitieux et qui bénéficient d'un certain penchant dû à la notoriété. C'est pourquoi, les bons joueurs préféreront jouer au sein des clubs mythiques que dans les clubs de second rang. Parce que les clubs mythiques attirent les meilleurs joueurs et ils sont un rang au-dessus des autres, qui se cachent derrière de fausses politiques comme celle des quotas. Pendant que les clubs ambitieux trouvent en ce principe, un frein et une entrave, les clubs de seconde zone brandissent cette restriction comme une idéologie salvatrice et protectionniste. Un repli identitaire fondé sur des principes de pseudo protectionnisme traduit par la xénophobie, la ségrégation et l'anti-évolution. Le refus de l'autre sous le poids de la menace provoqué par l'incapacité à rivaliser loyalement par le travail et la compétence.

Le désir de jouer au malin et à la fioriture est à l'origine du sentiment de xénophobie qui conditionne les acteurs du football à entretenir la loi sur les quotas. Alors que l'Europe s'en est débarrassée en 1995, déjà 28 ans en 2018, en Afrique on plonge et on s'enfonce plus encore dans cette discrimination honteuse et avilissante. Une méthode archaïque et bornée qui est indubitablement un frein et une obstruction à l'évolution et au développement du football dans ce continent. Celle loi est portée des bras de fer par des dirigeants infectés par le virus de la mauvaise gestion et des malversations financières. Des hommes pour qui, le dévouement à la conquête et la quête du profit égoïste est une fin absolue. Une attitude qui explique clairement la présence des guerres et luttes de positionnement et de gestion du football dans ces Etats. Il faut dépasser ces convictions tribales et manipulées pour sortir le football de l'ombre et relever les championnats locaux. Il importe que l'on institue une philosophie nouvelle, moderne et abjuratoire. Les clubs doivent pouvoir vivre et penser leur développement, celui-ci passe par le rassemblement et l'acceptation et non la xénophobie, la discrimination ou la ségrégation.

La FIFA a en son sein une commission antiracisme, elle devrait songer aussi à lutter contre la xénophobie et toutes les formes de discriminations dans le football et particulièrement en Afrique. On parle généralement du racisme en Europe, mais on ferme les yeux sur la xénophobie, la ségrégation et la discrimination africaine. Ce continent est un véritable foyer de répression psychologique pour la jeunesse ambitieuse et talentueuse. Le partage et l'échange qui sont des valeurs fortes dans le milieu du football sont évincés pour des fins égoïstes : des calculs et des plans d'enrichissement mafieux et litigieux. Une fois encore l'argent cesse d'être un moyen mais une fin. Le mal se trouve dans le faible niveau financier calculé, car les sommes d'argent donc détournent les dirigeants malveillants sont insignifiantes, vu les gros bénéfices que génère ce sport lorsqu'il est bien conduit.

CONCLUSION

Le football est devenu une grosse « industrie » dans laquelle les clubs sont des marques et des sociétés. Ce qui nécessite le partage des responsabilités et la reconnaissance de toutes les forces impliquées dans le processus de développement. Cependant, cette pratique est encore hors d'atteinte dans notre football car les dirigeants de clubs ont pour seule pratique le self-control qui est épineux pour le collectif ou le club. C'est pourquoi, dans ces pays, il existe des guerres de successions et de positionnement sous forme de tensions et de querelles caractérisées par des divisions radicales au sein des clubs et de l'élite sportive. Des personnes qui, hier, étaient ensemble se séparent sans remords ni scrupules pour des questions relatives à la gestion opaque de leurs compères.

Le Bénin, le Cameroun, la Côte d'Ivoire, le Burkina Faso et tous les autres pays peuvent aussi prétendre à juste titre aux sacres continentaux dans les compétitions de la CAF, d'ailleurs certains clubs ont remporté par le passé ces compétitions (Oryx de Douala, Canon Sportif de Yaoundé, Union de Douala, Asec d'Abidjan, CARA de Brazaville, Hafia FC ...). Mais cette possible réémergence passe par une prise de conscience collective de la nécessité de professionnalisation et un traitement honorable des acteurs du football : les joueurs. Une conscientisation commune sur la nécessité d'implémentation d'un professionnalisme empirique et de véritables programmes de développement du football (jeune) à travers la valorisation des clubs et des compétitions nationales.

Bien que la tâche soit commune, elle doit tout de même être la primauté des clubs de football, des Fédérations et des Ligues. Ils sont au centre du football local et impliqués dans l'avancée et le déroulement des compétitions. Ils sont les symboles de la souveraineté de ce sport très malade dont-on parle au quotidien et avec amertume. Les dirigeants des clubs, des Fédérations et des Ligues sont les principaux responsables de la situation interchangeable du sport roi dans ces Etats. L'impression et l'observation de recul est déplorable et elle est directement et logiquement imputé à la nouvelle classe dirigeante actuelle. Pourtant les mentalités devraient avoir nettement progressées, contrairement aux années 1970/1990. Malheureusement, il y'a une sorte de fixation sur la période coloniale. C'est-à-dire une continuité dans la dépravation des attitudes, des comportements et des mentalités. Et c'est là, le nœud du problème : les mentalités.

Les pensées sont plus portées vers la recherche des gains. Ce qui est paradoxal avec les intérêts supérieurs des clubs de football, puisqu'ils sont des organisations à but non lucratifs. C'est le début du flou et des entraves observées et qui conduisent à des tensions et des divisions. L'heure actuelle étant celle de la prospérité économique et de la propension financière, une proscription du gain financier serait donc une aberration. Cependant une clarification et une révision des formes juridiques, des modes de gestions ou des mécanismes opérationnels sur l'administration des équipes feraient partir des solutions propices pouvant permettre d'éviter des querelles. Il y'a donc là, une nécessité de mutation ou de migration des clubs, d'associations en entreprises sportives.

Les tensions entre membres des comités exécutifs de clubs trouvent le fondement, sur l'opacité des méthodes et procédés de gestion dans la forme associative traditionnelle des clubs de football. Des démêlés disproportionnés qui traduisent l'incompatibilité des intérêts des uns et des autres: des accointances toxiques tant la diversité desdits intérêts est énorme. Par conséquent, il faut faire ce pas qui brise les limites et les coutumes instituées par une certaines classe dirigeante. L'entreprenariat est la forme par excellence du football moderne : le professionnalisme. Un football qui requiert la satisfaction d'une kyrielle d'acteurs.

Au regard de ces limites gigantesques et déconcertantes, il est temps de passer d'un football traditionnel à un sport professionnel. Pour cela les pratiques anciennes, démodés et discriminatoires doivent laisser place à l'acceptation, la cohabitation, l'intégration, la mondialisation dans un esprit de concurrence et de rivalité loyale encadré par le fair-play. Le football est un sport universel qui a ses valeurs. il combat sans cesse toutes formes de discriminations, c'est pourquoi le combat typiquement noir africain concernant ce sport devrait être celui de la discrimination tribale, ethnique et étatique basé sur les quotas. La notion d'étranger communément évoquée à travers les pays est un frein pour le développement du football mais aussi pour l'intégration sous régionale et régionale souhaitée par les communautés africaines. Bien que n'étant pas l'objet de cette œuvre, c'est le moment de dénoncer cette politique des quotas et la questionner car elle est aussi à l'origine des vagues de migrations clandestines que connait le continent et qui ont décimé de nombreux jeunes noirs africains dans les eaux de la méditerranée.

Le football moderne ne connait pas les barrières, les frontières, les races ou les discriminations de genre. Il faut que l'Afrique dans sa globalité dépasse ces considérations discriminatoires ou tribales pour un mélange de toutes les couches et souches continentales. Le développement est participatif et inclusif. Les footballeurs de tous les horizons sont une plus-value pour les clubs et le football de différents Etats. Le problème ne se trouve pas au niveau de leur forte présence dans les clubs, au contraire, cette présence contribue à l'amélioration du niveau des compétitions et de la qualité des championnats. Parce que la qualité de ces compétitions dépend du niveau technique des étrangers et de leurs grandes capacités psychologiques. Et ces étrangers sont capables d'apporter cette touche particulière qui ferait des autochtones de véritables footballeurs, impliqués dans la bonne marche des équipes. La menace liée à la perte de sa titularisation pourrait être bénéfique car elle permettrait d'avoir des footballeurs locaux plus entreprenants et travailleur.

L'on connaîtrait à nouveau de bons matches et de grosses prestations qui attirent les supporters. Ainsi, le supporterisme vivra à nouveau et les stades de football connaîtrons l'affluence, pour le bien de ce sport et toutes les associations y afférents. Parce que le supporterisme produit une manne financière d'une grande importance, à travers la billetterie, la fidélisation et l'achat des produits annexes des clubs. Les supporters ont besoin de s'identifier à nouveau aux clubs et aux joueurs pour continuer de porter ce mouvement sportif vers le sommet à travers diverses contributions. D'ailleurs la Commission Européenne, elle, dans son Livre Blanc du Sport, reconnait que « la contribution du mouvement des supporters à la démocratie et à la citoyenneté active peut se voir consolidée via une reconnaissance officielle au niveau des clubs. Donc, il est souhaité une véritable reconnaissance de l'importance et du rôle du supporter en favorisant son intégration. Car « une implication formalisée des supporters peut renforcer la gouvernance et la stabilité financière des clubs».

Malheureusement les pratiques mafieuses et douteuses dont font montre certains dirigeants sont la preuve d'un mercantilisme désuet et d'un despotisme outrageux, dans la mesure où les résultats ne sont pas perceptibles. La corruption s'y mêlant, le football devient une manifestation plausible d'une société africaine encline aux détournements, aux extorsions, à l'arnaque, à des gestions calamiteuses et abusive des biens communs. C'est ce qui explique que l'on veuille tenir les supporters très loin de la gestion et des clubs.

C'est encore là, la conséquence logique de diverses querelles interminables qui ternissent un peu plus l'image du football et même celle d'une famille d'un mouvement sportif à la traîne. Les conjectures ayant laissé place à des affirmations, à la lumière de divers débats séparatistes et sécessionnistes qui déchirent les clubs et les Fédérations, ces constats alarmants pourraient aussi connaître un changement, si les intérêts de tous les acteurs au sein des familles footballistiques étaient à nouveau convergents et uniformes. En réalité, les tensions viennent de la lutte des intérêts et de positionnement comme je l'ai montré, mais cela ne signifie pas que lesdits intérêts ne puissent pas évoluer ou migrer et s'agencer pour préserver l'unité et favoriser l'unicité de tous les acteurs autour de la famille du sport « roi ».

Une perspective qui faciliterait l'implication et l'investissement des gouvernants et des gouvernements. Dès lors qu'ils sont tutélaires de l'ensemble des mouvements sportifs nationaux, un droit de regard leur est naturellement attribué. Ce qu'ils font généralement par le billet des ministères des sports, bien que ce procédé ne fasse pas l'unanimité avec les fédérations et les clubs. Néanmoins, une rigueur dans les mécanismes de contrôle de gestion pourrait être une méthode favorable à l'épanouissement financière des joueurs ; ainsi qu'une limitation des sources de discordes pour les dirigeants. Parce que ces derniers seraient contraint d'ajuster et équilibrer les comptes dans l'optique de clarifier et rendre compte à l'ensemble des acteurs du système.

Même-ci toute implication est considérée comme une ingérence, les gouvernements ont le droit de maîtrise et de contrôle sur tout le mouvement footballistique national. Ils y mettent de l'argent public dont-ils ont la responsabilité ; et il serait incongrus de leur refuser ce droit de regard ou de leur reprocher tout indiscrétion au sujet de la vie de ces associations sportives nationales.

Désormais chacune de ces associations doit travailler, de façon isolée, pour son enrichissement (à travers la mise en œuvre des stratégies d'autofinancement) et son épanouissement, et un changement de paradigmes. Le football actuel se veut professionnel et c'est un impératif pour ces organisations. Cependant, il faut un dualisme actif. C'est-à-dire l'association d'un travail de fond et d'un travail de forme. Depuis quelques années, l'on parle de championnat professionnel, mais de façon réelle nous en sommes très loin. Les mots ne sont pas les faits. Mais les maux, eux, le sont. Le professionnalisme ne réside pas dans la forme mais dans le fond. Etre professionnel n'est pas une question de concept ou de textes. Etre professionnel est vécu de façon empirique car le professionnalisme est palpable. Il est réel. Il se vit. Le professionnalisme est un état d'être, mieux, une façon concrète de vivre et de procéder.

Bien qu'il ait été question de relever et démontrer ce clivage macabre du football dans cette partie de l'Afrique, il est important de saisir l'occasion au quotidien pour le dépeindre. Parce que ce visage du football local d'aujourd'hui doit « permettre de nourrir les réflexions des acteurs du football, (...) de mesurer les évolutions à envisager et d'identifier les prochaines actions à mettre en œuvre » afin de le sortir de terre et d'en faire une réelle activité économique pour les Etats. Parce que l'avenir ne se prédit pas, mais il se prépare à partir du présent.

Il est impossible de croire qu'on pourrait construire ou relever le football local sans centres de formations, sans compétitions pour les jeunes et encore moins pour les femmes. Des problèmes propres au football et dont se passent les dirigeants, en dehors de ceux que nous avons traités ici. Nous devons penser notre football au quotidien et mettre à exécution tous les programmes positifs qui émanent des travaux d'intérêts communs organisés, afin de contribuer à l'enrichissement de l'ensemble des acteurs du football de ces pays subsahariens francophones très en retard sur l'échiquier du développement global du football.

BIBLIOGRAPHIE

La Charte Olympique, Comité Internationale Olympique, 2020.

Le concept de Stratégie, Professeur M. Ramdane Mostefaoui, Université de Picardie Jules Verus, 2013.

Le secteur de la captation sportive, Etats des Lieux et enjeu, Conseil Supérieur de l'Audiovisuel, Les Collections CSA, 2020.

Les spécificités du marketing du sport en France vu sous l'angle de la littérature anglo-saxonne, Michel Desbordes, les troisièmes journées Normande de la Consommation, colloque « société et consommation », Université Paris Sud XI, 2004.

Le grand livre de la stratégie, jean Marie Ducreux, Réné Abate, Nicolas Kachaner, Eyrolles, 2011.

L'argent du football, Luc Arrondel et Richard Duhautois, Cepremap, 2018.

Management des organisations sportives, les essentiels de la gestion, Frédéric Lassalle, Ems, 2015.

Management du sport : marketing et gestion des clubs sportifs, Gari Tribou et Bernard Augé, Dunod, 2003.

Précis de l'Art de la Guerre, Volume 1 : Tableau de Combinaisons de la Stratégie, de la Grande Tactique et de la Politique Militaire, Antoine de Jomini, Hachette Livre, 2017.

Sport et société : approche socio-culturelle des pratiques, Christian Pociello, Pociello Christian (éds), 1981.

Psychologie des foules, Gustave Le Bon, 9ème Edition, 1905.

TABLE DES MATIERES

Printed by Books on Demand GmbH, Norderstedt / Germany